The Bedroom Trader – How I Turned $100 into $100K in 1 Year

Warum dieses Buch?

Ich bin kein Wall-Street-Insider, kein Finanzexperte und auch kein Wunderkind. Ich bin eine ganz normale Person, die mit einem Laptop im Schlafzimmer saß und sich fragte: „Wie kann man mit begrenztem Kapital nachhaltigen Vermögensaufbau erreichen?" Meine ersten Schritte im Trading begannen, wie bei vielen anderen, mit Tutorials auf YouTube und zahlreichen Kursen zur technischen Analyse. Trotz intensiven Lernens und zwei Jahren, in denen ich Lehrgeld in den Wind schoss, gelang es mir zunächst nicht, konstant erfolgreich zu sein.

Doch anstatt aufzugeben, habe ich meine Herangehensweise grundlegend überdacht. Mit einem neuen Mindset und einem klaren Plan startete ich erneut – diesmal mit nur 100 Euro Startkapital. Heute kann ich sagen: Es ist möglich, mit diszipliniertem Vorgehen und realistischen Zielen finanziell voranzukommen. Dieses Buch soll dir genau diesen Weg zeigen.

Ich habe oft klein angefangen – mit 100 Euro hier, einem Funding-Versuch dort – und mich Schritt für Schritt weiterentwickelt. Dabei war es vor allem das konsequente Erkennen und Ausmerzen von Fehlern sowie die Reflexion meiner mentalen Einstellungen, die mich vorangebracht haben. Dieses Buch dokumentiert genau diesen Weg, meine Strategie und das Mindset, das mich heute in den sechsstelligen Bereich geführt hat.

Aber lass mich direkt ehrlich sein: **Trading ist kein schnelles Geld.** Es ist kein "Easy Money"-Schema, das dir über Nacht Reichtum bringt. 90 % der Trader verlieren ihr Geld – und das oft sehr schnell Die meisten geben auf, weil sie unvorbereitet sind, zu große Risiken eingehen oder ihre Emotionen nicht im Griff haben. Ich war genau da, wo du jetzt stehst und auch jetzt mache ich noch unnötige Fehler, weil ich ungeduldig bin, aber ich habe gelernt, damit besser umzugehen und habe es geschafft, davon zu leben.

Dieses Buch ist für dich, wenn:

- Du mit wenig Kapital starten willst und **keine Millionen hast**, um profitabel zu traden.
- Du **kein Mathematik- oder Wirtschaftsexperte** bist, aber Trading verstehen willst.
- Du bereit bist, **Arbeit zu investieren**, um wirklich erfolgreich zu werden.
- Du lernen willst, **wie man Risiken kontrolliert, emotionale Fehler vermeidet und langfristig gewinnt.**

Was du in diesem Buch lernst:

Ich nehme dich mit auf meine Reise – **ohne Bullshit, ohne Fake-Erfolge, ohne Lügen.** Ich zeige dir:

- Die **Grundlagen** des Tradings – damit du die Märkte wirklich verstehst.
- **Meine Strategie** – Schritt für Schritt, mit echten Beispielen.
- **Risikomanagement** – warum es der wichtigste Schlüssel zum Erfolg ist.
- **Psychologie & Mindset** – weil deine Emotionen dich ruinieren werden, wenn du sie nicht im Griff hast.
- **Wie du aus kleinen Beträgen ein wachsendes Trading-Kapital machst.**
- **Tipps zum Schluss für nachhaltiges Wachstum und eine Strategie für deine finanzielle Freiheit.**

Egal, ob du gerade erst startest oder schon Erfahrung hast – dieses Buch gibt dir die Tools, die du brauchst, um **langfristig profitabel zu sein.**

Die Euros, die du für dieses Buch ausgiebst, sind nicht nur eine gute Investition – sie sind eine 10.000x-Investition. Warum? Weil du hier nicht nur trockene Theorie bekommst, sondern eine echte, funktionierende Strategie, die bereits bewiesen hat, dass sie aus wenig Kapital ein Vermögen machen kann. Kein leeres Bla-Bla, keine Fake-Erfolgsgeschichten – sondern praxisnahe Anleitungen, ehrliche Einblicke und bewährte Methoden.

Überleg mal: Ich habe mit nur 100 Euro angefangen und innerhalb eines Jahres 100.000 Euro daraus gemacht, auch wenn ich davor sehr viel Geld in den Wind geschossen habe ist das eine 1.000x-Rendite – und die Prinzipien, die mir das ermöglicht haben, gebe ich dir hier für den Preis eines Mittagessens weiter.

Stell dir vor, du vermeidest nur einen einzigen teuren Anfängerfehler, den ich bereits für dich gemacht habe – dann hat sich dieses Buch schon mehr als bezahlt gemacht. Oder noch besser: Du setzt die Methoden richtig um und schaffst es, dein Kapital nachhaltig zu vervielfachen.

Dieses Buch ist kein schwer verständliches Fachwerk voller komplizierter Finanzbegriffe – sondern eine klare, einfache und direkt umsetzbare Anleitung. Du wirst es in wenigen Stunden durchlesen und direkt anwenden können. Kein Blabla, keine nutzlosen Theorien – sondern praktisches Wissen, das du sofort in die Tat umsetzen kannst.

Denk mal darüber nach: Wenn du nur einen einzigen Fehler vermeidest, den ich für dich bereits gemacht habe, hast du die Euros längst wieder drin, die du für dieses Buch ausgegeben hast. Und wenn du es wirklich ernst meinst? Dann könnte dieses Buch der Gamechanger sein, der dein Trading für immer verändert.

Bist du bereit, Trading endlich ernst zu nehmen? Dann lass uns loslegen.

Trading 101 – Die Basics, die jeder Anfänger verstehen muss

Was ist Trading überhaupt? Und was ist der Unterschied zwischen **Daytrading, Swing Trading & Investing**

Lass uns ganz am Anfang anfangen: Was ist Trading überhaupt? Wie funktioniert es? Was genau ist Forex und wie unterscheidet es sich von Aktien, Optionsscheinen, Fonds, ETFs und Co.? Wie und warum bewegen sich Märkte und noch viele weitere wichtige Fragen. Das sind die Basics, die du verstehen solltest, bevor du überhaupt ins Trading einsteigst. Zugegeben, das ist vielleicht das „trockene" Zeug, das nicht jeder sofort spannend findet – aber wenn du langfristig erfolgreich sein willst, kommt man an diesen Grundlagen nicht vorbei.

Fortgeschrittene Trader können dieses Kapitel natürlich überspringen, aber ich wette, dass auch hier der ein oder andere Aha-Moment dabei ist – vielleicht gibt es sogar ein paar Informationen, die du noch nicht kennst oder falsch verstanden hast.

In diesem Buch werde ich mich hauptsächlich auf Devisenpaare (Forex) konzentrieren, einfach weil ich in diesem Bereich die 100k erreicht habe. Keine Sorge, ich werde auch andere Themen ansprechen, aber Forex bleibt mein persönlicher Favorit und wird hier etwas ausführlicher behandelt.

Jetzt aber genug der Einleitung, lass uns mit den trockenen Grundlagen loslegen...

Die drei Begriffe – Daytrading, Swing Trading und Investing – beziehen sich auf unterschiedliche Anlagestrategien, die sich hauptsächlich durch den Zeitraum der Positionen und die Art der Entscheidung unterscheiden:

1. **Daytrading**:
   - **Zeitraum**: Positionen werden innerhalb eines Handelstages geöffnet und geschlossen.
   - **Ziel**: Profitieren von kurzfristigen Kursbewegungen während eines Handelstags.
   - **Strategie**: Häufige Käufe und Verkäufe von Finanzinstrumenten (Aktien, Optionen, Devisen) in sehr kurzen Zeiträumen, meist Minuten oder Stunden.
   - **Risikoprofil**: Hoher Hebel und hohes Risiko, da schnelle Entscheidungen getroffen werden müssen.
   - **Beispiel**: Ein Daytrader kauft eine Aktie am Morgen und verkauft sie noch am selben Tag, wenn der Kurs gestiegen ist.
2. **Swing Trading**:
   - **Zeitraum**: Positionen werden über mehrere Tage oder Wochen gehalten.
   - **Ziel**: Von mittelfristigen Marktbewegungen profitieren, indem man eine Welle von Kursbewegungen ausnutzt.
   - **Strategie**: Der Trader kauft ein Wertpapier in der Erwartung, dass es in den nächsten Tagen oder Wochen steigt und verkauft es dann, um von der "Swing"-Bewegung zu profitieren.
   - **Risikoprofil**: Moderates Risiko im Vergleich zum Daytrading, aber immer noch die Notwendigkeit, schnell auf Marktentwicklungen zu reagieren.
   - **Beispiel**: Ein Swing-Trader kauft eine Aktie, wenn der Kurs eine Unterstützung erreicht und verkauft sie, wenn er eine Widerstandszone erreicht.
3. **Investing (Langfristiges Investieren)**:
   - **Zeitraum**: Positionen werden über Jahre gehalten.
   - **Ziel**: Langfristiger Kapitalzuwachs, oft durch das Halten von Aktien oder anderen Vermögenswerten, die im Wert steigen oder Dividenden zahlen.

    - **Strategie**: Investoren suchen nach soliden Unternehmen oder Vermögenswerten, die ein starkes Wachstumspotenzial auf lange Sicht haben.
    - **Risikoprofil**: Geringeres Risiko als Daytrading und Swing Trading, da der Investor von langfristigen Markttrends und Unternehmenswachstum profitiert.
    - **Beispiel**: Ein Investor kauft Aktien eines Unternehmens, das er für unterbewertet hält, und hält diese über Jahre, um von Dividenden und Kapitalzuwachs zu profitieren.

Kurz gesagt:

- **Daytrading** ist sehr kurzfristig und spekulativ.
- **Swing Trading** ist mittel- bis kurzfristig und nutzt Marktschwankungen aus.
- **Investing** ist langfristig und fokussiert auf stabile, wachstumsstarke Unternehmen oder Vermögenswerte.

Ich persönlich finde, weniger ist mehr. Ich habe viele verschiedene Strategien ausprobiert, darunter sowohl Daytrading als auch Swing Trading. Was ich festgestellt habe, ist, dass es bei der Strategie, die ich derzeit verwende, besser ist, auf größere Marktbewegungen zu warten, anstatt kurzfristige Gewinne mitzunehmen.

Je öfter du in den Markt eingreifst, desto öfter kannst du auch verlieren. Wenn du jedoch auf das richtige Setup wartest – also auf nahezu perfekte Bedingungen für einen Einstieg – hast du eine höhere Chance, einen guten Trade zu machen, statt zehn schlechte.

Deshalb konzentriere ich mich lieber darauf, qualitativ gute Trades zu machen, anstatt viele kleine. So kann ich das Potenzial eines wirklich guten Setups voll ausschöpfen und riskiere weniger durch häufiges Handeln.

Jetzt aber weiter in die Materie der Positionen.

Was ist eine Position im Trading?

Eine **Position** ist einfach ein Begriff, der beschreibt, wie du auf dem Markt investiert bist – ob du ein Wertpapier (z.B. eine Aktie wie Coca Cola) kaufst oder verkaufst und wie lange du es hältst.

Es gibt zwei Hauptarten von Positionen:

1. Long-Position (Kaufposition):

- **Was bedeutet das?** Du kaufst ein Wertpapier (z.B. eine Aktie), weil du erwartest, dass der Preis steigen wird. Du bist also **optimistisch**.
- **Beispiel**: Du kaufst 10 Aktien von Unternehmen XYZ zu 100 Euro pro Aktie, weil du glaubst, dass der Kurs steigen wird. Wenn der Kurs auf 120 Euro steigt und du verkaufst, machst du Gewinn.

2. Short-Position (Verkaufsposition):

- **Was bedeutet das?** Du leihst dir eine Aktie von einem Broker und verkaufst sie sofort, weil du davon ausgehst, dass der Preis sinken wird. Du kannst dann später die Aktie zu einem niedrigeren Preis zurückkaufen und so den Unterschied als Gewinn einstreichen.
- **Beispiel**: Du leihst dir 10 Aktien von XYZ und verkaufst sie zu 100 Euro pro Aktie. Wenn der Kurs auf 80 Euro fällt, kaufst du sie zurück und machst den Gewinn von 20 Euro pro Aktie.

Wie geht man mit Positionen um?

- **Öffnen einer Position**: Das bedeutet, du gehst in den Markt, indem du eine Aktie kaufst oder verkaufst.
- **Schließen einer Position**: Das bedeutet, du beendest deinen Handel, indem du deine gekaufte Aktie verkaufst oder deine geliehene Aktie zurückkaufst.

Beispiel für Anfänger:

- **Langfristige Position**: Du kaufst eine Aktie, weil du glaubst, dass sie in den nächsten Jahren wertvoller wird. Du hältst die Aktie für eine längere Zeit. In der Regel **weniger riskant**, da kurzfristige Schwankungen ausgeblendet werden.
- **Kurzfristige Position**: Du kaufst oder verkaufst Aktien schnell, weil du von kurzfristigen Schwankungen im Markt profitieren möchtest. **Risikoreicher**, da Volatilität, Emotionen und Timing eine viel größere Rolle spielen.

Zusammengefasst:
Eine Position ist einfach der Zustand, in dem du dich befindest, nachdem du eine Kauf- oder Verkaufsentscheidung getroffen hast. Entweder du **kaufst (Long)**, weil du auf steigende Preise setzt, oder du **verkaufst (Short)**, weil du auf fallende Preise spekulierst.

jetzt weißt du also was eine short und eine long position ist aber das bringt dir noch recht wenig weil wie willst du sie exekutieren ? in diesem sinne gleich zu den nächsten themen nämlich den verschiedenen Ordertypen

Ordertypen im Trading: Market Order, Limit Order, Stop-Loss

Im Trading gibt es verschiedene **Ordertypen**, die den Handel und die Verwaltung von Positionen steuern. Zu den wichtigsten gehören **Market Orders**, **Limit Orders** und **Stop-Loss Orders**. Jeder dieser Ordertypen hat spezifische Merkmale und Anwendungen, die für eine erfolgreiche Handelsstrategie entscheidend sind. In den folgenden Abschnitten werde ich die einzelnen Ordertypen ausführlich erklären, ihre Funktionsweise beschreiben und aufzeigen, wann und warum man sie verwenden sollte.

1. Market Order (Marktorder) Agressive käufer

Eine **Market Order** ist die am häufigsten verwendete Art von Order im Trading. Sie wird verwendet, um ein Wertpapier sofort zum besten verfügbaren Preis zu kaufen oder zu verkaufen.

Funktionsweise:

- Eine Marktorder wird ohne Preislimit ausgeführt. Das bedeutet, dass du die Order so schnell wie möglich zum aktuell besten verfügbaren Preis ausführst.
- Beim Kauf einer Aktie bedeutet dies, dass du den nächsthöheren Preis akzeptierst, der derzeit im Orderbuch des Marktes verfügbar ist. Beim Verkauf akzeptierst du den nächst niedrigeren Preis.
- Market Orders sind besonders nützlich, wenn du schnell handeln musst oder wenn du sicherstellen möchtest, dass deine Order so schnell wie möglich ausgeführt wird.

Vor- und Nachteile:

- **Vorteile**:
  - **Sofortige Ausführung**: Die Order wird sofort ausgeführt, was besonders wichtig ist, wenn du schnell auf Marktbewegungen reagieren möchtest.
  - **Keine Preisunsicherheit**: Du musst dir keine Gedanken darüber machen, ob die Order zu einem bestimmten Preis ausgeführt wird, da es keine Preisgrenze gibt.
- **Nachteile**:
  - **Slippage**: In volatilen Märkten kann es zu einer sogenannten „Slippage“ kommen, was bedeutet, dass der tatsächliche Ausführungspreis schlechter sein kann als der Preis, den du ursprünglich erwartet hast.
  - **Kein Kontrolle über den Preis**: Da es keine Preisgrenze gibt, weißt du im Voraus nicht genau, zu welchem Preis deine Order ausgeführt wird.

Wann sollte man eine Market Order verwenden?

- Wenn du sicherstellen möchtest, dass deine Order sofort ausgeführt wird.
- Bei extremen Marktbedingungen, in denen du schnell handeln musst, etwa bei der Veröffentlichung wichtiger Wirtschaftsdaten oder Unternehmensnachrichten.
- Wenn du keine Bedenken hast, den aktuellen Preis zu akzeptieren, auch wenn er etwas von deinem Zielpreis abweichen könnte.

2. Limit Order (Limit-Order)

Eine **Limit Order** ist eine Order, bei der du den maximalen Preis festlegst, den du bereit bist zu zahlen, wenn du kaufst, oder den minimalen Preis, den du akzeptieren würdest, wenn du verkaufst. Diese Order wird nur ausgeführt, wenn der Marktpreis deinen Limitpreis erreicht oder übertrifft.

Funktionsweise:

- Beim Kauf einer Aktie gibst du einen Preis an, der unter dem aktuellen Marktpreis liegt. Deine Limit Order wird dann nur ausgeführt, wenn der Preis auf dein festgelegtes Limit oder darunter fällt.
- Beim Verkauf legst du einen Preis fest, der über dem aktuellen Marktpreis liegt. Die Order wird nur ausgeführt, wenn der Preis den festgelegten Wert erreicht oder überschreitet.
- Limit Orders geben dir eine bessere Kontrolle über den Preis, zu dem du kaufst oder verkaufst, im Vergleich zur Market Order.

Vor- und Nachteile:

- **Vorteile**:

    - **Preiskontrolle**: Du kannst sicherstellen, dass du den Handel zu einem Preis machst, mit dem du zufrieden bist. Dies hilft, dich vor unvorhergesehenen Marktbewegungen zu schützen.
    - **Vermeidung von Slippage**: Durch die Festlegung eines Limits verringert sich das Risiko, dass deine Order zu einem schlechteren Preis ausgeführt wird.
- **Nachteile**:
    - **Nicht sofortige Ausführung**: Wenn der Marktpreis das festgelegte Limit nicht erreicht, wird die Order nicht ausgeführt. Deine Order bleibt aktiv, bis sie entweder ausgeführt wird oder abläuft.
    - **Verpasste Chancen**: Wenn der Marktpreis nie das Limit erreicht, verpasst du möglicherweise die Gelegenheit, den Trade zu tätigen.

Wann sollte man eine Limit Order verwenden?

- Wenn du einen bestimmten Preis für den Einstieg oder Ausstieg wünschst und bereit bist, auf diesen Preis zu warten.
- Wenn du den Markt genau beobachtest und der Preis für dich entscheidend ist, um deine Strategie umzusetzen.
- Wenn du auf einen Preisnachlass wartest, bevor du in den Markt eintrittst (z. B. bei Aktien, die du kaufen möchtest, aber nur zu einem günstigeren Preis).

3. Stop-Loss Order (Stopp-Loss-Order)

Eine **Stop-Loss Order** ist eine Order, die automatisch ausgeführt wird, wenn der Preis eines Wertpapiers einen bestimmten festgelegten Wert erreicht. Sie wird genutzt, um Verluste zu begrenzen, indem sie eine Position automatisch verkauft, wenn der Kurs gegen den Trader läuft.

Funktionsweise:

- Eine Stop-Loss Order wird in der Regel unter dem aktuellen Marktpreis (bei einem Long Trade) oder über dem aktuellen Marktpreis (bei einem Short Trade) platziert.
- Wenn der Kurs den festgelegten Stop-Preis erreicht, wird die Stop-Loss Order zu einer Market Order und die Position wird zum nächstmöglichen Preis verkauft.
- Ziel der Stop-Loss Order ist es, Verluste zu minimieren und die Position zu schließen, bevor der Verlust größer wird.

Vor- und Nachteile:

- **Vorteile**:
    - **Verlustbegrenzung**: Eine Stop-Loss Order schützt dich vor zu hohen Verlusten, wenn der Markt gegen dich läuft.
    - **Automatische Ausführung**: Wenn der Preis das Stop-Loss-Level erreicht, wird die Order automatisch ausgeführt, ohne dass du aktiv handeln musst.
- **Nachteile**:
    - **Slippage**: Bei sehr schnellen Marktbewegungen kann es zu einer Slippage kommen, bei der die Stop-Loss Order zu einem schlechteren Preis als erwartet ausgeführt wird.
    - **Keine Kontrolle über den Ausführungspreis**: Da eine Stop-Loss Order eine Market Order wird, weißt du im Voraus nicht genau, zu welchem Preis die Position geschlossen wird.

Wann sollte man eine Stop-Loss Order verwenden?

- Um deine Verluste zu begrenzen, falls der Markt sich gegen deine Position entwickelt.
- Wenn du keine Zeit hast, die Märkte ständig zu überwachen, aber sicherstellen möchtest, dass deine Position bei einem bestimmten Preis automatisch verkauft wird.
- Wenn du ein festgelegtes Risiko-Management betreiben möchtest, um zu verhindern, dass Verluste dein Handelskonto zu stark belasten.

Zusammenfassung

Market Order, **Limit Order** und **Stop-Loss Order** sind grundlegende Ordertypen, die dir helfen, deine Handelsstrategien effektiv umzusetzen und das Risiko zu steuern.

- **Market Orders** sind schnell und einfach, aber sie bieten keine Kontrolle über den Preis, zu dem du handelst.
- **Limit Orders** bieten dir eine bessere Kontrolle über den Preis, können aber dazu führen, dass die Order nicht ausgeführt wird, wenn der Marktpreis das Limit nicht erreicht.
- **Stop-Loss Orders** sind wichtig für das Risikomanagement, da sie automatisch eine Position schließen, wenn der Preis gegen dich läuft.

Je nach Handelsstrategie und Marktbedingungen wirst du feststellen, dass jeder dieser Ordertypen zu unterschiedlichen Zeiten von Vorteil sein kann. Die richtige Auswahl des Ordertyps ist entscheidend, um das Beste aus deinem Handel herauszuholen und gleichzeitig Verluste zu minimieren.

Bezogen auf die Strategie, die ich euch zeigen werde, ist es von Vorteil die Market Order zu verwenden, weil man so auch mehr Kontrolle darüber hat, zum Beispiel ein Candle close über einen Strukturbruch oder Ähnliches (dazu später mehr) . STOP LOSS ist eines der wichtigsten dinge im trading das ist auch immer das erste das man nach einem entry in eine position festlegt bzw davor schon. Risiko Management is key.

alles verstanden ? Wenn nicht, lies es nochmals durch, das sind die wichtigsten Dinge, die du wissen solltest, um dich in den nächsten Kapitel auszukennen. Begriffe, die du jetzt verstehen solltest sind: Market Order, Limit Order, Stop Loss, Short, Long.

wenn das sitzt können wir auch gleich zum nächsten punkt gehen nämlich den **Broker & Plattformen – Ein wichtiges Thema für Anfänger**

Beim Trading ist die Wahl des **Brokers** und der **Plattform** entscheidend. Viele Anfänger scheitern genau hier, denn es gibt viele **schlechte Broker**, die mit **hohen Gebühren**, **zu großen Spreads** oder sogar **Scams** arbeiten. Diese Faktoren können den Erfolg eines Traders erheblich beeinträchtigen.

Es gibt viele Broker auf dem Markt, aber leider sind nicht alle gut. Ein zu hoher Spread oder hohe Handelsgebühren können deine Gewinne schnell zunichte machen. Ein **Spread** ist die Differenz zwischen dem Kauf- und Verkaufspreis eines Finanzinstruments, und je größer dieser ist, desto mehr musst du verdienen, um profitabel zu sein.

Zudem gibt es viele **unzuverlässige Broker**, die mit unlauteren Praktiken arbeiten. Sie locken mit niedrigen Gebühren oder versprechen riesige Gewinne, aber letztlich verlieren viele Trader ihr Geld. Es ist also extrem wichtig, einen seriösen Broker zu wählen, der faire Konditionen bietet.

Plattformen: TradingView als Analyse-Tool

Wenn es um **Plattformen** geht, werde ich hauptsächlich über **TradingView** sprechen. Das ist mit Abstand das beste Analysetool, das es gibt – vor allem für die **Chartanalyse**. TradingView bietet eine unglaubliche Vielzahl an **Indikatoren**, **Einstellungen** und **Chartbildern**, die dir helfen, den Markt genau zu analysieren.

Warum TradingView?

- **Beste Charts**: TradingView bietet dir extrem klare und anpassbare Charts, die du für deine technische Analyse brauchst.
- **Indikatoren und Tools**: Die Plattform stellt dir eine riesige Auswahl an **Indikatoren** und **Zeichentools** zur Verfügung,

mit denen du Markttrends und potenzielle Einstiegs- und Ausstiegspunkte besser erkennen kannst.
- **Benutzerfreundlichkeit**: Im Vergleich zu anderen Plattformen ist TradingView einfach zu bedienen, selbst für Anfänger.

Es gibt natürlich auch andere Plattformen, aber TradingView sticht in Bezug auf die **Funktionsvielfalt**, **Benutzeroberfläche** und **anpassbaren Tools** hervor.

Broker und ihre Unterschiede

Ein **Broker** ist eine Firma oder Plattform, die es dir ermöglicht, Finanzinstrumente wie Aktien, Devisen, Rohstoffe oder Kryptowährungen zu kaufen und zu verkaufen. Broker fungieren als Vermittler zwischen dir und dem Finanzmarkt. Die Wahl des richtigen Brokers ist entscheidend für den Erfolg deines Tradings, da er dir Zugang zu Märkten verschafft und eine Vielzahl von Dienstleistungen und Funktionen bietet.

Es gibt viele verschiedene Arten von Brokern, und sie unterscheiden sich in mehreren Punkten wie **Handelsgebühren**, **Handelsplattformen**, **Spreads**, **Kundensupport**, **Regulierung** und **Handelsangebot**. Um einen passenden Broker zu finden, solltest du folgende Unterschiede und Kriterien berücksichtigen:

1. Arten von Brokern

Market Maker

Market Maker-Broker stellen die Preise für den Handel selbst zur Verfügung. Sie übernehmen die Rolle des "Gegenparts" bei deinem Handel, was bedeutet, dass sie dir die Preise anbieten, zu denen du kaufen oder verkaufen kannst. Der Market Maker verdient an der Differenz zwischen Kauf- und Verkaufspreis (Spread), und dieser Broker-Typ ist häufig in den **Devisen- (Forex-) Märkten** zu finden.

und solche Broker werden auch 90% der Retail Trader (also wir) benutzen wenn es um Forex geht.

- **Vorteile**:
  - Schnelle Ausführung von Trades
  - Oft keine oder niedrige Kommissionen
  - Gut für Anfänger, da sie direkten Zugang zu den Märkten haben
- **Nachteile**:
  - Höhere Spreads (dadurch höhere Kosten)
  - Mögliche Interessenskonflikte, da der Broker als "Gegenpartei" fungiert

ECN/STP Broker (Electronic Communication Network/ Straight Through Processing)

ECN und STP Broker bieten Zugang zu echten Marktliquiditäten und ermöglichen es den Tradern, ihre Aufträge direkt an den Markt weiterzuleiten. Sie verdienen durch **Kommissionen** und **enge Spreads**, aber der Vorteil ist, dass du **direkten Zugang zum Markt** hast und keine Gegenpartei des Brokers bist. Diese Broker werden eher selten von Anfängern benutzt, weil sie sehr kompliziert scheinen und auch nicht viel mehr Vorteile bieten als Market Maker.

- **Vorteile**:
  - Enge Spreads (da der Broker keinen Einfluss auf den Preis hat)
  - Direkter Zugang zu den Märkten
  - Transparente Handelsbedingungen
- **Nachteile**:
  - Kommissionen pro Trade, was die Kosten erhöht
  - Kann für Anfänger komplexer sein

No Dealing Desk (NDD) Broker

No Dealing Desk-Broker verwenden entweder **ECN (Electronic Communication Network)** oder **STP (Straight Through Processing)**, um Aufträge direkt an den Markt weiterzuleiten. Sie bieten ebenfalls enge Spreads und ermöglichen es den Tradern, ohne den Einfluss eines Market Makers zu handeln.

- **Vorteile**:
  - Direkter Zugang zu den Märkten ohne Zwischenhändler
  - Transparente Preisgestaltung und faire Ausführung
  - Meistens enge Spreads
- **Nachteile**:
  - Kommissionen auf Trades
  - Weniger persönliche Kundenbetreuung

Discount Broker

Discount-Broker bieten grundlegende Handelsfunktionen zu niedrigen Kosten an. Sie bieten keine zusätzliche Unterstützung oder persönliche Beratung, aber sie sind für Selbstentscheider geeignet, die niedrige Handelsgebühren und eine einfache Plattform bevorzugen.

- **Vorteile**:
  - Niedrige oder keine Kommissionen
  - Einfacher Zugang zu den Märkten
- **Nachteile**:
  - Eingeschränkter Kundenservice
  - Keine zusätzliche Beratung oder Forschung

2. Wichtige Kriterien bei der Auswahl eines Brokers

Handelsgebühren

Die Gebührenstruktur eines Brokers kann einen erheblichen Einfluss auf deine Gewinne haben. Zu den häufigsten Gebühren gehören:

- **Spreads**: Die Differenz zwischen dem Kauf- und Verkaufspreis eines Instruments. Je enger der Spread, desto günstiger ist der Handel.
- **Kommissionen**: Einige Broker erheben zusätzlich zur Spreadgebühr eine feste Kommission pro Trade.
- **Rollover-Gebühren (Swap-Gebühren)**: Diese fallen an, wenn du eine Position über Nacht hältst.

Plattformen und Tools

Die Handelsplattform, die dir zur Verfügung gestellt wird, ist ebenfalls ein wichtiger Faktor. Eine **benutzerfreundliche Plattform** wie **MetaTrader 4 (MT4)** oder **MetaTrader 5 (MT5)** ermöglicht es dir, deine Trades effizient auszuführen, fortschrittliche Analysetools zu nutzen und deine Strategien zu optimieren.

Regulierung

Achte darauf, dass der Broker von einer **anerkannten Finanzaufsichtsbehörde** reguliert wird. Zu den bekanntesten Aufsichtsbehörden gehören die **FCA (Financial Conduct Authority)** in Großbritannien, die **CySEC (Cyprus Securities and Exchange Commission)** und die **ASIC (Australian Securities and Investments Commission)**.

Kundensupport

Ein guter Broker bietet einen effizienten **Kundensupport**, der dir bei Problemen oder Fragen schnell hilft. Der Support sollte rund um die Uhr verfügbar sein und mehrere Kommunikationskanäle bieten, wie Telefon, E-Mail oder Live-Chat.

Handelsangebot

Je nach Broker kannst du unterschiedliche Märkte und Finanzinstrumente handeln. Einige Broker bieten neben klassischen Aktien und Devisen auch **Kryptowährungen**, **Rohstoffe** oder **CFDs** an. Achte darauf, dass der Broker die Märkte abdeckt, in denen du handeln möchtest.

3. Bekannte Broker

Hier sind einige bekannte Broker, die für ihre Seriosität und gute Handelsbedingungen bekannt sind:

- **BlackBull Markets**: BlackBull Markets ist ein ECN-Broker mit Sitz in Neuseeland und bietet enge Spreads sowie niedrige Kommissionen für den Handel mit Devisen und CFDs. Sie haben eine sehr gute Reputation und sind bekannt für transparente Handelsbedingungen und exzellenten Kundensupport.
- **IG Group**: Ein großer, gut regulierter Broker aus Großbritannien. Sie bieten eine breite Palette an Finanzinstrumenten, darunter Aktien, Forex und Rohstoffe. Sie haben einen guten Ruf und sind weltweit tätig.
- **eToro**: eToro ist vor allem für **Social Trading** bekannt, bei dem du die Trades erfahrener Trader kopieren kannst. Sie bieten niedrige Gebühren und sind besonders für Anfänger geeignet.
- **Interactive Brokers**: Dieser Broker richtet sich vor allem an erfahrene Trader und bietet eine riesige Auswahl an Märkten und Finanzinstrumenten. Sie haben jedoch auch komplexe Gebührenstrukturen, die es erfordern, dass du die Konditionen genau verstehst.
- **Bitget :** Sehr beliebt bei Kryptowährungen wie Bitcoin, Ethereum etc.

4. MetaTrader 5 (MT5)

MetaTrader 5 (MT5) ist eine leistungsstarke Handelsplattform, die von **MetaQuotes** entwickelt wurde. MT5 ist der Nachfolger des beliebten **MetaTrader 4 (MT4)** und bietet eine Vielzahl von Verbesserungen und zusätzlichen Funktionen.

Funktionsweise von MT5

MT5 ermöglicht es dir, Finanzinstrumente wie Aktien, Devisen, Rohstoffe, Indizes und sogar **Kryptowährungen** zu handeln. Die Plattform ist bekannt für ihre **Benutzerfreundlichkeit** und **Erweiterbarkeit**.

- **Charting und Analyse**: MT5 bietet fortschrittliche **Charting-Tools**, um den Markt zu analysieren. Du kannst **mehrere Zeitrahmen**, **Indikatoren** und **Zeichentools** verwenden, um deine Strategie zu entwickeln und Entscheidungen zu treffen.
- **Marktausführung**: MT5 ermöglicht **schnelle Marktausführung** und die Möglichkeit, **automatisierte Handelsstrategien** über **Expert Advisors (EAs)** zu implementieren. EAs sind Programme, die automatisch Trades basierend auf vordefinierten Regeln ausführen.
- **Vielseitigkeit**: MT5 ist auf **Windows**, **Mac**, **Android** und **iOS** verfügbar und kann auf mehreren Geräten gleichzeitig verwendet werden.
- **Erweiterte Orderarten**: MT5 bietet mehr Orderarten als MT4, was dir eine genauere Steuerung über deine Positionen ermöglicht.
- **Wirtschaftskalender**: Die Plattform enthält einen **integrierten Wirtschaftskalender**, der es dir ermöglicht, wichtige Marktnachrichten und Ereignisse zu verfolgen.

Vorteile von MT5 im Vergleich zu MT4

- **Erweiterte Charting-Tools und technische Indikatoren**
- **Mehr Timeframes** für detailliertere Analysen
- **Bessere Handelsausführung** und höhere Markttiefe
- **Mehr Finanzinstrumente** und Märkte (einschließlich Aktienmärkte)
- **Verbesserte Automatisierung** und Unterstützung für fortgeschrittene EAs

Nachteile von MT5

- **Komplexität**: MT5 ist komplexer als MT4, was für Anfänger überwältigend sein kann.
- **Kompatibilität**: Einige ältere Broker und Systeme unterstützen noch immer nur **MT4**, was für den Wechsel zu MT5 ein Hindernis darstellen kann.

Fazit

Die Wahl des richtigen Brokers und der richtigen Handelsplattform ist entscheidend für deinen Erfolg im Trading. Während Broker wie **BlackBull Markets** enge Spreads und einen guten Kundenservice bieten, ist **MT5** eine leistungsstarke Plattform, die dir umfassende Analyse Tools und die Möglichkeit bietet, automatisierte Handelsstrategien zu implementieren. Positiv ist auch, dass man Broker wie Black Bull Markets mit MT5 verbinden kann, was ich gerade tue.

Achte darauf, einen gut regulierten Broker zu wählen, der transparente Gebühren und faire Handelsbedingungen bietet. Trading ist ein langfristiges Geschäft, und die Wahl der richtigen Werkzeuge kann einen großen Unterschied machen.

Hier nochmal ein paar der wichtigsten Begriffe, die du können oder wenigstens mal gehört haben solltest .

1. **Broker**: Ein Unternehmen, das als Vermittler für den Kauf und Verkauf von Finanzinstrumenten fungiert.
2. **Market Maker**: Ein Broker, der Preise für den Handel stellt und als Gegenpartei bei den Transaktionen fungiert.
3. **ECN Broker (Electronic Communication Network)**: Ein Broker, der den direkten Zugang zu echten Marktliquiditäten bietet und Aufträge ohne Intervention durch den Broker an den Markt weiterleitet.
4. **STP Broker (Straight Through Processing)**: Ein Broker, der Aufträge direkt an den Markt weiterleitet, ohne sie zu ändern.
5. **No Dealing Desk Broker**: Ein Broker, der entweder ECN oder STP verwendet, um Aufträge direkt ohne Zwischenhändler an den Markt weiterzuleiten.
6. **Discount Broker**: Ein Broker, der grundlegende Handelsdienste zu niedrigen Kosten ohne zusätzliche Beratung oder Forschung anbietet.
7. **Spreads**: Die Differenz zwischen dem Kauf- und Verkaufspreis eines Finanzinstruments, die als Gebühr für den Handel betrachtet wird.
8. **Kommissionen**: Gebühren, die zusätzlich zu den Spreads für den Handel erhoben werden.
9. **Rollover-Gebühren (Swap-Gebühren)**: Gebühren, die anfallen, wenn eine Position über Nacht gehalten wird.
10. **Regulierung**: Die Aufsicht und Regulierung eines Brokers durch eine Finanzaufsichtsbehörde, die sicherstellt, dass er faire und transparente Handelspraktiken verfolgt.
11. **Handelsplattformen**: Software, die es den Tradern ermöglicht, Finanzinstrumente zu kaufen und zu verkaufen. Bekannte Plattformen sind **MetaTrader 4 (MT4)** und **MetaTrader 5 (MT5)**.
12. **MetaTrader 4 (MT4)**: Eine weit verbreitete Handelsplattform, die für den Handel mit Devisen und CFDs genutzt wird. Sie bietet grundlegende Analysetools und eine benutzerfreundliche Oberfläche.
13. **MetaTrader 5 (MT5)**: Der Nachfolger von MT4 mit erweiterten Funktionen wie mehr Timeframes, besseren

Charting-Tools und der Möglichkeit, mit einer breiteren Palette von Finanzinstrumenten zu handeln.

14. **Expert Advisors (EAs)**: Automatisierte Handelssysteme, die auf der MetaTrader-Plattform laufen und Trades basierend auf vordefinierten Regeln ausführen.
15. **Marktausführung**: Der Prozess, bei dem ein Broker einen Auftrag ausführt und die Position des Traders im Markt eröffnet oder schließt.
16. **Handelsgebühren**: Kosten, die durch den Handel mit Finanzinstrumenten entstehen, entweder durch Spreads oder Kommissionen.
17. **Kundensupport**: Die Hilfe, die ein Broker seinen Nutzern bietet, um bei technischen oder handelsbezogenen Problemen Unterstützung zu leisten.
18. **Wirtschaftskalender**: Ein Tool, das wirtschaftliche Ereignisse und Nachrichten anzeigt, die die Märkte beeinflussen können.

Das sind die Begriffe, die du kennen solltest. präge sie dir wirklich gut ein, damit du auch später mitkommst. jetzt aber eine kleine story:

Okay, stell dir vor: Du bist noch neu in der Trading-Welt, voller Elan und mit der Hoffnung, durch clevere Entscheidungen in kurzer Zeit ordentlich Geld zu machen. Deine Strategie hast du zwar schon ein bisschen durchdacht, aber jetzt fehlt nur noch der richtige Broker. Du suchst nach einem Anbieter, der dir eine benutzerfreundliche Plattform, faire Gebühren und einen guten Support bietet. Alles scheint perfekt zu sein, und dann findest du einen Broker, der dir genau das verspricht. „Schnell und einfach, keine versteckten Gebühren, sofortiger Marktzugang" – klingt alles vielversprechend, oder?

Also, du meldest dich an, überweist dein Geld und startest deinen ersten Handel. Anfangs läuft es sogar richtig gut. Du fühlst dich wie ein Profi, machst ein paar kleine Gewinne und denkst: „Das könnte mein Ding sein!“ Doch dann passiert das Unvorstellbare: Der Broker ist plötzlich nicht mehr erreichbar. Die Webseite geht offline, du kannst nicht mehr auf dein Konto zugreifen und deine E-Mails werden nicht beantwortet. Ein paar Tage später liest du in den Nachrichten, dass der Broker pleite ist und mit deinem Geld abgehauen ist – und du bist nicht der Einzige, dem es so geht.

Warum passiert sowas? Ganz einfach: Es gibt leider eine Menge Broker da draußen, die nicht ordentlich reguliert sind und deren einzige Absicht es ist, dir das Geld aus der Tasche zu ziehen. Diese Broker sind in der Regel „Market Maker“, was bedeutet, dass sie nicht nur als Vermittler agieren, sondern auch gegen ihre eigenen Kunden wetten. In solchen Fällen verdienen sie an den Verlusten der Trader und haben kaum ein Interesse daran, dass du Gewinne machst. Und wenn's dann mal eng wird, stecken sie dein Geld ein und verschwinden einfach.

Du hast also einiges verloren, aber etwas anderes gewonnen – und zwar **Erfahrung**. Eine der wichtigsten Lektionen, die du jetzt gelernt hast, ist: **Regulierung ist entscheidend.** Ein Broker sollte immer von einer renommierten Finanzaufsichtsbehörde wie der FCA (UK), SEC (USA), BaFin (Deutschland) oder ASIC (Australien) kontrolliert werden. Diese Behörden sorgen dafür, dass der Broker fair arbeitet und deine Einlagen geschützt sind.

Außerdem kommt noch etwas hinzu: **Transparenz**. Viele Broker verstecken ihre echten Gebühren und Bedingungen, sodass du später vor Überraschungen stehst. Und das, was dir am Anfang „schnell“ und „einfach“ vorkam, wird dir dann zum Verhängnis. Deswegen solltest du dir immer genau anschauen, wie die Gebühren aufgebaut sind und ob der Broker wirklich zu dir passt.

Nach dieser Erfahrung denkst du dir: „Nie wieder so eine Unsicherheit!“ Du fängst an, nach seriösen, transparenten Brokern zu suchen und stößt auf **BlackBull Markets**. Sie bieten einen ECN-Zugang und sind ordentlich reguliert. Hier wirst du nicht in die Falle eines „Market Makers“ gelockt, sondern hast Zugang zu echten Marktliquiditäten. Außerdem bietet BlackBull eine transparente Gebührengestaltung ohne versteckte Kosten. Der Support ist gut erreichbar, und das Gefühl, dass deine Einlagen sicher sind, gibt dir viel mehr Ruhe.

Aber du merkst auch, dass eine gute Plattform entscheidend für den Erfolg ist. Du erinnerst dich an **MetaTrader 5 (MT5)**, die Plattform, die dir alle Tools bietet, die du brauchst, um fundierte Entscheidungen zu treffen. Es gibt viele Charts, Indikatoren und eine ganze Menge an Analysemöglichkeiten, die dir helfen, deine Strategie umzusetzen. Und vor allem ist es die Plattform, die nicht nur den Handel mit Forex, sondern auch mit anderen Finanzinstrumenten ermöglicht. Sie hat viel mehr Möglichkeiten als der ältere **MetaTrader 4** und lässt dich mit erweiterten Funktionen arbeiten.

Mit all diesem Wissen bist du nun besser gerüstet. Du hast gelernt, dass es nicht nur darum geht, eine Plattform zu finden, sondern auch den richtigen Broker, der dir einen sicheren und transparenten Zugang zu den Märkten bietet. **Geduld und Verantwortungsbewusstsein** sind jetzt deine besten Freunde, und du bist nicht mehr auf der Suche nach schnellen, riskanten Gewinnen, sondern nach einer soliden und sicheren Grundlage für langfristigen Erfolg.

Die Moral der Geschichte? Du kannst nicht nur mit einer guten Handelsstrategie gewinnen, sondern auch durch kluge Entscheidungen bei der Wahl des Brokers. Lass dich nicht von glänzenden Versprechungen blenden. **Sicherheit, Regulierung und Transparenz** sind die Faktoren, die wirklich zählen, wenn du im Trading langfristig erfolgreich sein willst. Und der Weg dahin führt über einen seriösen Broker und eine vertrauenswürdige Plattform – auch wenn es manchmal ein paar Fehltritte braucht, um diese Erkenntnis zu gewinnen.

In diesem Sinne, wenn dir Black Bull Markets, der Broker den ich benutze nicht gefallen sollte und du dein eigenes Ding machen willst, recherchiere gut über den Broker den du auswählen willst. Wenn das das einzige ist, was du aus diesem Buch mitnimmst, bin ich schon glücklich.

Es war zu meinen Anfangszeiten im Trading, als ich voller Enthusiasmus und Hoffnung auf dem Markt auftauchte. Ich dachte mir: „Hey, warum selbst Zeit investieren, wenn es doch Leute gibt, die das für mich tun? Ich investiere einfach bei einem Copy-Trader-Broker und lass mich von den Profis kopieren." Naiv, oder? Also, ich habe 1200 Euro in diesen Broker investiert, voll guter Dinge, dass es jetzt nur noch bergauf geht.

Tja, und was passiert? Der Broker meldet sich nie wieder. Das Geld war weg, und ich saß da, wie ein Dachs im Winter, völlig ahnungslos, was ich jetzt tun sollte. In diesem Moment habe ich wirklich gemerkt, wie wichtig es ist, genau hinzuschauen und die richtigen Entscheidungen zu treffen.

Deshalb kann ich es nicht oft genug sagen: **Passt auf bei der Brokerwahl!** Schaut euch unbedingt Rezensionen an, lest die Bewertungen von anderen Nutzern, überprüft die Regulierung und achtet darauf, was euch der Broker tatsächlich anbietet. Wenn du auf einem Broker aufbaust, der nicht richtig reguliert ist oder in den Bewertungen schlecht abschneidet, kann das ziemlich schnell nach hinten losgehen.

Letztendlich habe ich gelernt, dass „schnell und einfach" oft ein sehr trügerisches Versprechen ist. Niemand hat dir erzählt, dass der Copy-Trader-Broker am Ende mit deinem Geld abhaut, oder? Klar, es gibt auch seriöse Copy-Trader, aber du musst sicherstellen, dass du den richtigen Broker auswählst. Und das bedeutet, alles zu prüfen: von den Lizenzen über die Plattform bis hin zu den Erfahrungen anderer Trader.

Also, bevor du in die nächste Investition gehst, erinnere dich an diese Geschichte und spare dir das Drama. **Die Wahl des richtigen**

Brokers ist genauso wichtig wie die Wahl deiner Strategie. Vertrau mir, du willst nicht da sitzen und feststellen, dass dein Geld irgendwo in der Broker-Welt verschwunden ist, während du nichts mehr hörst.

Und da haben wir es – das erste Kapitel ist schon fast durch! Ging doch schneller, als du wahrscheinlich gedacht hast, oder? Ich hoffe, du fühlst dich nicht wie bei einer Investition, die sich nicht ausgezahlt hat. Falls doch, keine Sorge – das nächste Kapitel wird deine Meinung ganz sicher ändern!

Aber vergiss nie:
Wissen ist nicht gleich Können.
Die Märkte belohnen nicht den, der die meisten Begriffe kennt – sondern den, der sie **am klarsten umsetzt.**

Die Sprache des Marktes verstehen – Einführung in Candlesticks

Du hast dich jetzt für einen Broker entschieden.
Du hast die Plattform geöffnet.
Und was siehst du?

Wahrscheinlich eine Fläche voller grüner und roter Balken, Linien, Zahlen und Bewegungen.
Das ist kein Zufall – das ist der Moment, in dem du lernst, die Sprache des Marktes zu lesen.

Denn ganz gleich, ob du Anfänger bist oder schon erste Trades gemacht hast:
Wenn du nicht verstehst, was Candlesticks dir sagen wollen, wirst du immer raten – statt analysieren.
Und im Trading ist Raten auf Dauer ein teures Hobby.

Was ist ein Candlestick überhaupt?

Ein Candlestick ist eine visuelle Darstellung von Preisbewegungen innerhalb eines bestimmten Zeitraums.
Wenn du z. B. einen 1-Stunden-Chart öffnest, dann zeigt jede einzelne Kerze, was in genau dieser einen Stunde passiert ist:

- Wie hoch der Preis gestiegen ist
- Wie tief er gefallen ist
- Wo er geöffnet hat
- Und wo er geschlossen hat

Statt sich diese Zahlen in einer Tabelle anzuschauen, bekommst du alles in einem einzigen Symbol dargestellt:
einer Kerze.

Aufbau einer Kerze – einfach erklärt

Eine Candlestick besteht aus zwei Hauptbestandteilen:

1. Body (Körper):

- Der Bereich zwischen Eröffnungspreis und Schlusskurs
- Ist der Schlusskurs höher als der Eröffnungspreis → grüne (bullische) Kerze
- Ist der Schlusskurs niedriger → rote (bärische) Kerze
- Je größer der Body, desto stärker war die Bewegung

2. Wicks oder Shadows (Dochte):

- Die dünnen Linien oberhalb und unterhalb des Körpers
- Zeigen, wie hoch oder tief der Preis innerhalb des Zeitraums war
- Also: der höchste und der tiefste Punkt der gesamten Bewegung

Einfach gesagt:

- Der Körper zeigt, wer gewonnen hat (Bullen oder Bären)
- Die Dochte zeigen, wohin die Schlacht überall ging

Beispiel: 1-Stunden-Kerze

Stell dir eine grüne Kerze auf dem 1H-Chart vor.
Das bedeutet:

- Der Preis eröffnete am unteren Ende des Körpers
- Er fiel zunächst etwas (unterer Docht),
- Dann stieg er im Laufe der Stunde
- Und schloss am oberen Ende des Körpers
- Vielleicht stieg er sogar noch höher, bevor er wieder leicht zurückkam (oberer Docht)

→ Das alles zeigt dir eine einzige Kerze.

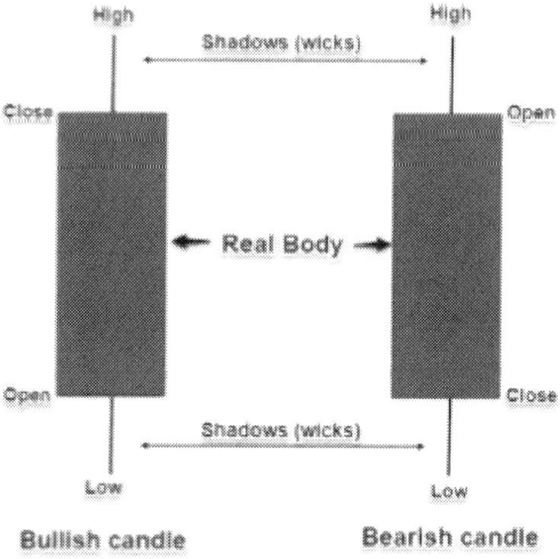

Jede Kerze erzählt eine Geschichte

Und das ist der Punkt:
Candles sind keine Zahlen – sie sind Emotionen.
Sie zeigen, wo Panik war, wo Gier aufkam, wo Käufer und Verkäufer gekämpft haben.

Eine lange rote Kerze?

→ Jemand hat schnell verkauft.

→ Vielleicht News, vielleicht Angst.

→ Oder Smart Money holt sich gerade Liquidität.

Ein kleiner Körper mit langem Docht?

→ Markt war unsicher.

→ Käufer haben es versucht – aber die Verkäufer haben die Kontrolle übernommen (oder umgekehrt).

Warum das so wichtig ist?

Weil du lernen musst, den Markt zu lesen, bevor du versuchst, ihn zu schlagen.

Ein Trader, der nicht versteht, was eine Kerze bedeutet,
ist wie ein Pilot, der das Cockpit anschaut, aber keine Ahnung hat, was die Anzeigen bedeuten.

Du brauchst keine 20 Indikatoren.
Du brauchst keine geheimen Signale.
Was du brauchst, ist das Verständnis dafür,
was der Markt dir gerade durch jede einzelne Kerze sagt.

Ein paar häufige Kerzenmuster (ganz basic):

- Bullish Engulfing: Eine grüne Kerze „verschluckt" eine rote → Zeichen für mögliche Trendumkehr nach unten
- Bearish Engulfing: Umgekehrt – rote Kerze verschluckt grüne
- Doji: Fast kein Körper, aber lange Dochte → Unsicherheit, mögliche Richtungsänderung
- Pin Bar (Hammer oder Shooting Star): Lange Dochte, kleiner Körper → Rejection → oft starke Reaktion danach

Fazit

Candlesticks sind das Fundament deiner Analyse.
Sie sind keine Magie – sie sind Sprache.
Und wie bei jeder Sprache gilt:

Wenn du sie sprechen lernst, kannst du sie irgendwann für dich nutzen.
Du wirst Muster erkennen, Bewegungen deuten, und vor allem:
Du wirst Verhalten verstehen.

Denn der Markt ist kein Computer.
Er ist das Ergebnis von Millionen Entscheidungen.
Und jede davon – spiegelt sich in einer einzigen Kerze wider.

Die Basics sind die Grundlage für alles

Viele denken:
"Ich brauche noch mehr Wissen." Noch mehr Indikatoren. Noch mehr Strategien."
Aber das ist genau der Fehler.

- Du brauchst **nicht 20 Setups** – du brauchst **eins**, das du meisterst.
- Du brauchst **nicht alle Assets** – du brauchst **ein Marktverständnis**.
- Du brauchst **nicht mehr Tools** – du brauchst **mehr Disziplin.**

Denn es geht **nicht darum, klüger als der Markt zu sein.**
Es geht darum, **konstant das zu tun, was funktioniert.**

Wiederholung schlägt Komplexität

Der beste Trader ist nicht der mit dem komplexesten Chart.
Sondern der, der **seine simplen Regeln Tag für Tag umsetzt – emotionslos.**

Denn Trading ist kein Abenteuer – sondern ein Prozess.

Und diesen Prozess musst du immer wieder durchlaufen:

→ Setup erkennen

→ Entry finden

→ Risiko kalkulieren

→ Position managen

→ Emotionsfrei abschließen

→ Lektion mitnehmen

Zitat zum Abschluss – von Paul Tudor Jones

> "The secret to being successful from a trading perspective is to have an indefatigable and an undying and unquenchable thirst for information and knowledge."

Übersetzt:
Das Geheimnis eines erfolgreichen Traders ist ein unermüdlicher, unauslöschlicher und unstillbarer Durst nach Wissen.

Das heißt nicht, dass du alles auf einmal können musst.
Aber es heißt, dass du **jeden Tag bereit sein musst, zu lernen.**

Nicht nur über den Markt.
Sondern vor allem über dich selbst.

Fazit

Trading 101 gibt dir die Werkzeuge –
aber **du musst lernen, damit zu bauen.**

Es ist wie ein Handwerk:
Je öfter du es machst, desto besser wirst du.

Also hör auf zu glauben, du brauchst "mehr", um anzufangen.
Fang an. Werde besser. Bleib dran.
Denn das ist der einzige Weg, wie aus Theorie echte Ergebnisse werden.

Mein Tipp: Versuche nicht, zu viele Kapitel auf einmal zu lesen. Lass dir Zeit, damit die Informationen wirklich bei dir ankommen. Wenn du dieses Kapitel durch hast, gönn dir ruhig eine Pause, um das Gelesene sacken zu lassen. Und dann sehen wir uns im nächsten Kapitel – ich verspreche dir, es wird spannend!

Wie Märkte wirklich funktionieren – Vom Chart zum Marktverständnis

Warum Märkte nicht zufällig sind (und wie du das ausnutzt)

Viele glauben, dass Märkte chaotisch und unberechenbar sind – aber das stimmt nicht ganz. **Märkte bewegen sich in Mustern**, weil sie von Menschen gesteuert werden. Große Investoren, Banken und Algorithmen beeinflussen den Markt durch ihre Entscheidungen. Wer versteht, **wo Geld reinfließt und wo es abgezogen wird, kann gezielt profitieren.**

Angebot & Nachfrage – das einzige, was wirklich zählt

Vergiss komplizierte Theorien – am Ende zählt nur eins: **Angebot & Nachfrage.**

- Steigt die Nachfrage (mehr Käufer als Verkäufer) → **Preis steigt.**
- Steigt das Angebot (mehr Verkäufer als Käufer) → **Preis fällt.**
  Der Trick ist, die **Bereiche zu erkennen, wo Angebot und Nachfrage kippen**, also wo sich eine starke Bewegung anbahnt.

Die Wahrheit über technische Analyse – welche Indikatoren wirklich nützlich sind

Es gibt tausende Indikatoren, aber **nicht alle sind hilfreich.** Viele Anfänger überladen ihre Charts und sehen den Wald vor lauter Bäumen nicht. Die besten Trader konzentrieren sich auf **wenige, aber effektive Werkzeuge**, wie:

✅ **Support & Resistance** – Wo drehen Märkte oft?

✅ **Volumen** – Wie viel Geld fließt gerade?

✅ **Price Action** – Was sagen die Kerzenmuster?

Psychologie der Masse – warum die meisten Geld verlieren

Die Mehrheit der Trader verliert Geld – warum? Weil sie genau das tun, was die Masse tut. Die großen Spieler nutzen das aus:

❌ Panikverkäufe bei Kursverlusten

❌ Gieriges Nachspringen in überkaufte Märkte

❌ Ungeduldige Trades ohne Strategie

Wer versteht, wie **Emotionen den Markt bewegen**, kann gegen die Masse handeln – und genau **dort Gewinne machen, wo andere verlieren.**

Ein perfektes Beispiel: Kryptowährungen & die Manipulation durch große Marktteilnehmer

Wenn du schon mal in Krypto investiert oder getradet hast, dann hast du es bestimmt selbst erlebt: plötzliche Kursabstürze, unerwartete Rallyes, Fake News und extreme Volatilität. Ich selbst habe damals in so ziemlich alles investiert – oder besser gesagt, spekuliert – und musste auf die harte Tour lernen, wie größere Marktteilnehmer (die "Big Player") die Retail Trader, also uns, systematisch ausnutzen.

Wie große Marktteilnehmer die Masse austricksen

1. Liquidity Sweeps – das gezielte Abholen von Stop-Loss-Orders

Große Trader und Institutionen handeln nicht wie wir mit ein paar hundert oder tausend Euro – sie bewegen **Millionen oder sogar Milliarden.** Das Problem für sie: Sie können nicht einfach „normal“ kaufen oder verkaufen, weil ihre Orders zu groß sind. Stattdessen nutzen sie **Liquiditätssweeps**:

- Der Markt bewegt sich absichtlich in eine Richtung, um Stop-Loss-Orders von Retail-Tradern zu aktivieren.
- Sobald genug Stop-Loss-Orders ausgelöst wurden (z. B. unter einem wichtigen Support-Level), schnappen sich die großen Trader die freigewordene Liquidität – und der Preis schießt plötzlich wieder in die andere Richtung.
- Ergebnis? Retail-Trader werden rausgekickt, während die großen Spieler ihre Positionen günstig aufbauen.

🔹 **Beispiel:** Stell dir vor, Bitcoin bewegt sich in einem Bereich zwischen **$40.000 und $42.000**. Viele Retail-Trader setzen ihre **Stop-Loss-Orders knapp unter $40.000**, weil sie denken: „Wenn der Preis unter dieses Level fällt, will ich raus." Die großen Player sehen das – sie drücken den Kurs gezielt kurz unter **$40.000**, um die Stop-Loss-Orders auszulösen, kaufen dann selbst günstig ein und lassen den Kurs wieder steigen. Die Retail-Trader haben verkauft, genau an dem Punkt, wo die großen Trader kaufen wollten.

2. Fake News & gezielte Marktmanipulation
Hast du dich jemals gefragt, warum plötzlich **super positive oder super negative News** kommen, genau wenn der Markt einen bestimmten Punkt erreicht? Das ist kein Zufall. Große Marktteilnehmer und Medien nutzen gezielt **FOMO (Fear of Missing Out) und Panik**, um Trader in die falsche Richtung zu lenken.

🔹 **Beispiel:**

- **Negative News erscheinen genau am Tiefpunkt** (z. B. „Regulierungen verbieten Bitcoin", „China verbietet Mining", „Große Exchange gehackt"). Retail-Trader geraten in Panik und verkaufen. Wer kauft? Die großen Marktteilnehmer.
- **Positive News erscheinen genau an Höchstständen** („Bitcoin bald bei $200.000?", „Institutionelle Investoren steigen ein!"). Retail-Trader springen auf den Hype auf und kaufen – genau da, wo die großen Marktteilnehmer verkaufen.

Ergebnis? Die **Masse kauft zu spät und verkauft zu früh.**

3. Marktunsicherheiten & Volatilität als Waffe
Ein weiteres beliebtes Werkzeug der großen Player ist das bewusste **Schaffen von Unsicherheit**.

- **Plötzliche große Verkäufe oder Käufe** ohne ersichtlichen Grund → Retail-Trader geraten in Panik oder springen auf den Zug auf.
- **Langsame, kontrollierte Bewegungen nach oben oder unten** → Die Masse wird eingelullt, nur damit eine extreme Bewegung folgt.
- **Fake Breakouts und Fakeouts** → Der Preis bricht durch eine wichtige Marke, alle denken: „Jetzt geht's los!", doch plötzlich kehrt der Markt wieder um.

Warum sind Kryptowährungen besonders anfällig für Manipulation?

Kryptowährungen sind im Vergleich zu traditionellen Märkten **viel leichter zu beeinflussen**, weil:

Geringere Marktkapitalisierung als Aktien oder Forex

- Der Krypto Markt ist **deutlich kleiner** als z. B. der Aktienmarkt. Große Player können mit **weniger Geld größere Bewegungen** auslösen.

Fehlende Regulierung & weniger Kontrolle

- In klassischen Märkten gibt es Regeln gegen Marktmanipulation – in Krypto? Fast keine. Das macht es für große Akteure **viel einfacher, Retail-Trader auszutricksen.**

Emotionale Masse & Social Media Hype

- Krypto-Trader lassen sich **viel stärker von Emotionen leiten** als Investoren in klassischen Märkten. Die extreme Volatilität wird durch Social Media noch verstärkt, weil FOMO und Panik **in Sekundenschnelle** Millionen von Tradern beeinflussen können.

Wie kann man sich schützen?

Du kannst nicht verhindern, dass der Markt manipuliert wird – aber du kannst dich davor schützen:

✅ **Risikomanagement ist das A & O.**

- Setze **kluge Stop-Loss-Orders** nicht direkt an offensichtlichen Punkten (z. B. genau unter Support-Levels).
- Riskiere nie zu viel pro Trade.

✅ **Nicht auf News & Hype reinfallen.**

- Wenn plötzlich **alle** etwas hypen, sei skeptisch.
- Prüfe immer, wer wirklich von einer Nachricht profitiert.

✅ **Verstehe, wie große Marktteilnehmer denken.**

- Denke wie ein Profi: Wo gibt es Liquidität? Wo wird die Masse vermutlich verlieren?
- Erkenne typische **Manipulationsmuster** in Charts.

Fazit: Märkte sind nicht zufällig – sie sind gezielt gesteuert.

Krypto ist **kein fairer Markt** – aber das kann ein Vorteil sein, wenn du verstehst, wie die großen Player handeln. Solange du lernst, dich **nicht von Emotionen und Fake News leiten zu lassen**, kannst du von genau den Bewegungen profitieren, bei denen andere verlieren.

eine gute grafik die das gut veranschaulichen kann worauf es market maker abgesehen haben ist eine liquidity heatmap:

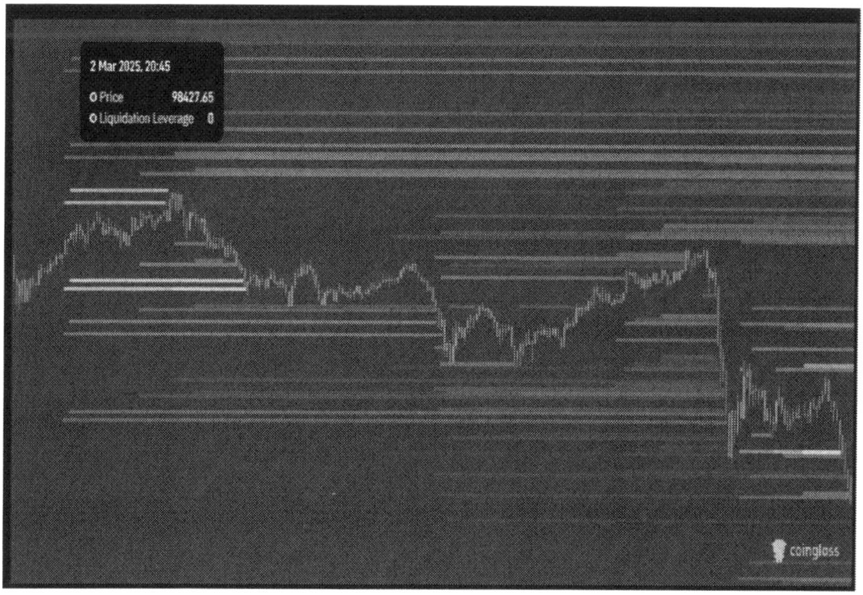

Liquidität und die Rolle der Market Maker – Warum der Markt dorthin geht, wo es wehtut

Um zu verstehen, warum Märkte sich so bewegen, wie sie es tun, und warum Retail Trader oft auf der falschen Seite stehen, müssen wir über **Liquidität** und die Rolle der großen Marktteilnehmer sprochen.

Was ist Liquidität und warum ist sie so wichtig?

Liquidität bezeichnet die Anzahl an Kauf- und Verkaufsorders in einem bestimmten Preisbereich. In stark liquiden Märkten gibt es viele Kauf- und Verkaufsangebote, wodurch es einfacher ist, große Positionen zu platzieren, ohne den Markt zu stark zu bewegen.

Für **Market Maker** – also Institutionen oder große Trader, die den Markt aktiv beeinflussen – ist Liquidität entscheidend. Warum? Weil sie große Orders nicht einfach irgendwo auf den Markt werfen können, ohne den Preis stark zu beeinflussen. Sie brauchen also eine Strategie, um ihre Positionen aufzustocken oder abzubauen, ohne dabei selbst zu große Spuren zu hinterlassen.

Hier kommt das Konzept der **Liquiditätspools** ins Spiel.

Was zeigt eine Liquidation Heatmap?

Eine **Liquidation Heatmap**, wie die, die du auf der vorherigen Seite siehst, zeigt Bereiche, in denen viele gehebelte Positionen (Longs oder Shorts) liquidiert werden könnten.

- **Helle und gelbe Balken (oder helleres Grau)**: Hier gibt es eine hohe Konzentration an Stop-Losses oder Liquidationspreisen von gehebelten Tradern.
- **Dunklere Zonen**: Weniger Liquiditätsansammlungen, weniger Potenzial für Stop-Loss-Hunts.
- **Steigt der Preis in eine Zone mit vielen Short-Liquidationen,** werden diese zwangsweise geschlossen, was zu einem schnellen Preisanstieg führen kann (Short Squeeze).
- **Fällt der Preis in eine Zone mit vielen Long-Liquidationen,** führt das zu einem Kaskadeneffekt nach unten (Long Squeeze).

Wie Market Maker Liquidität ausnutzen

Market Maker und große Trader sind sich dessen bewusst und nutzen diese Zonen zu ihrem Vorteil. Hier sind ein paar typische Strategien:

Stop-Loss-Hunting

Da Retail Trader oft ihre Stop-Losses an offensichtlichen Unterstützungs- und Widerstandszonen platzieren, können große Player absichtlich den Preis in diese Bereiche treiben, um Liquidität abzuholen. Das geschieht oft so:

- Ein starker Kursanstieg oder -rückgang bricht einen wichtigen Widerstand oder eine Unterstützung.
- **Retail Trader springen auf** und erwarten eine Fortsetzung des Trends.
- Doch plötzlich kehrt der Markt genau an diesem Punkt um – die großen Trader haben hier ihre Positionen gefüllt und nehmen nun die entgegengesetzte Richtung ein.

Liquiditätssweeps

Das passiert besonders oft bei großen Liquidationsblöcken, wie man sie in der Heatmap sieht.

- **Longs werden erst nach oben gelockt, dann nach unten liquidiert** – und umgekehrt für Shorts.
- Der Markt **zieht sich Liquidität aus beiden Richtungen**, bevor er sich tatsächlich bewegt.

Scheinbare Breakouts und Fakeouts

Eine andere Technik ist, dass der Preis scheinbar aus einer Range ausbricht, nur um danach schnell zurückzukehren.

- Viele Trader kaufen bei einem Ausbruch über einen Widerstand.
- Doch wenn große Marktteilnehmer nicht genug Kaufvolumen sehen, nutzen sie die Gelegenheit, um ihre Shorts zu platzieren.
- Der Preis fällt zurück und **alle, die auf den Breakout gesetzt haben, werden liquidiert**.

Wie kann man dieses Wissen nutzen?

✅ **Nicht blind FOMO-Trades eingehen**
Wenn ein Markt extrem in eine Richtung läuft, prüfe, ob eine große Liquiditätszone erreicht wurde. Falls ja, könnte bald eine Umkehr kommen.

✅ **Heatmaps mit anderen Analysen kombinieren**
Nur weil eine Zone mit hoher Liquidität existiert, heißt das nicht, dass der Preis sofort anläuft. Achte auf:

- **Order Flow-Daten** (gibt es aggressive Käufer/Verkäufer?)
- **Divergenzen in Indikatoren**
- **Marktpsychologie** – Wo könnte die Masse falsch liegen?

✅ **Geduld haben und die Stop-Loss-Zonen der Masse meiden**
Große Trader wissen, wo Retail Trader ihre Stops platzieren. Also macht es Sinn, Stop-Losses **nicht** genau an offensichtlichen Unterstützungs- oder Widerstandsbereichen zu setzen, sondern etwas weiter oder nach anderen Kriterien.

Fazit: Der Markt ist ein Spiel gegen die Masse

Liquidität ist der Treibstoff des Marktes. Wer die Mechanismen dahinter versteht, kann sich vor unnötigen Verlusten schützen und klügere Entscheidungen treffen. Die Market Maker spielen nach eigenen Regeln – aber wenn du sie durchschaust, kannst du mitspielen, statt das Opfer zu sein.

Jetzt noch ein wichtiges Thema, das ich selber erst viel zu spät gecheckt habe und mir sicherlich einige 1000$ gekostet hat und das ist die Psychologie der Trader. 90% von allen Marktbewegungen hat etwas mit Emotionen von Tradern zu tun, dazu eine bekannte Grafik, die man oft beim Bitcoin Zyklus sieht.

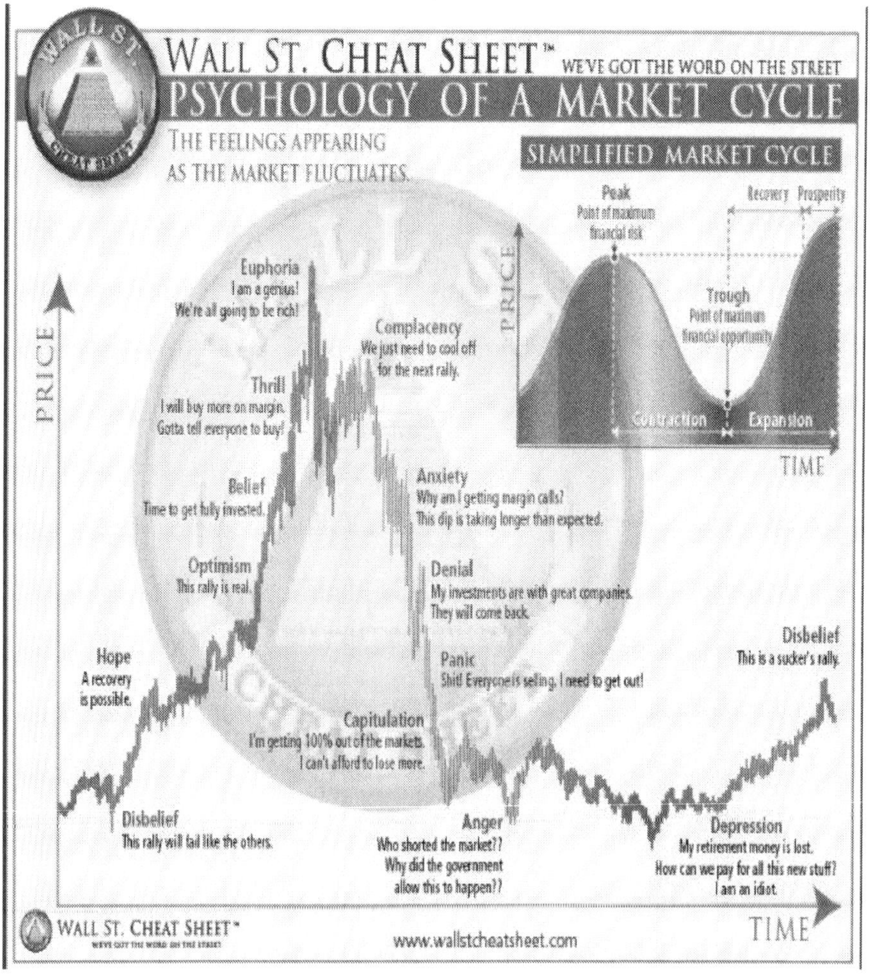

Die Psychologie des Tradings – Warum Emotionen den Markt dominieren

Trading ist auf den ersten Blick eine rein rationale Disziplin. Charts, technische Indikatoren, fundamentale Analysen – alles scheint darauf hinzudeuten, dass erfolgreiche Trader einfach nur die richtigen Zahlen und Daten auswerten müssen. Doch in der Realität ist der Markt kein rein mathematisches Konstrukt, sondern ein hochdynamisches System, das stark von der **Psychologie der Marktteilnehmer** geprägt wird. In vielen Fällen sind es nicht wirtschaftliche oder fundamentale Faktoren, die Preisbewegungen antreiben, sondern Emotionen wie **Angst, Gier, Euphorie und Panik**.

Wie Emotionen den Markt steuern

Der Markt wird durch das Zusammenspiel von Angebot und Nachfrage bewegt, und diese Kräfte werden nicht nur durch rationale Überlegungen, sondern vor allem durch Emotionen beeinflusst. Die Psychologie hinter dem Trading kann in mehrere zentrale Emotionen unterteilt werden, die immer wieder die gleichen Muster verursachen:

Gier (FOMO – Fear of Missing Out)

Gier ist eine der stärksten Triebfedern im Markt. Sie tritt auf, wenn Trader sehen, dass ein bestimmter Vermögenswert stark steigt, und das Gefühl bekommen, sie könnten eine große Gelegenheit verpassen.

➡ **Typische Szenarien:**

- Ein Trader sieht, dass ein Coin oder eine Aktie in wenigen Tagen um 50 % gestiegen ist. Er hat den Anstieg nicht

mitgenommen, fühlt sich aber gezwungen, jetzt noch einzusteigen, aus Angst, den nächsten Schub zu verpassen.
- Die Medien berichten euphorisch über eine neue Technologie oder einen „Revolutionär“ im Finanzmarkt. Viele springen auf den Hype auf, ohne die zugrunde liegende Fundamentalanalyse zu berücksichtigen.
- Große Wellen an Kauforders entstehen in kurzer Zeit – oft genau der Punkt, an dem institutionelle Anleger bereits verkaufen.

➡ **Folge:**

- Gier treibt den Preis oft viel weiter nach oben, als es aus rationaler Sicht gerechtfertigt wäre.
- Dieser Effekt erzeugt „Blasen“, die irgendwann platzen, weil Käufer ausgehen.

Angst (Panikverkäufe und die Kraft der Massenpsychologie)

Angst ist die Gegenspielerin der Gier. Während Gier zu irrationalen Käufen führt, sorgt Angst für überstürzte Verkaufsentscheidungen. Panik entsteht oft dann, wenn Märkte in kurzer Zeit stark fallen und Trader den Drang verspüren, „noch zu retten, was zu retten ist“.

➡ **Typische Szenarien:**

- Ein Vermögenswert fällt plötzlich um 10–20 %. Trader verkaufen hektisch, um weitere Verluste zu vermeiden.
- Schlechte Nachrichten verbreiten sich (z. B. ein Unternehmen meldet Insolvenz an, ein Land verbietet Krypto-Trading, eine Notenbank kündigt Zinserhöhungen an).

- Starke Verkäufe verursachen **Kaskadeneffekte**, weil Trader mit gehebelten Positionen liquidiert werden, was zu weiteren Verkäufen führt.

➡ **Folge:**

- Der Markt fällt oft viel stärker, als es aufgrund der tatsächlichen Situation notwendig wäre.
- Sobald die Panik ihren Höhepunkt erreicht hat, kehrt der Markt häufig genau dann um, wenn die meisten bereits verkauft haben.

☞ **Beispiel: Der Corona-Crash 2020**
Im März 2020 fiel der Aktienmarkt innerhalb weniger Tage um fast 30 %, weil die Angst vor einer globalen Wirtschaftskrise den Markt erfasste. Doch genau an diesem Punkt begannen große Investoren, günstig einzukaufen – und der Markt erholte sich in Rekordgeschwindigkeit.

Hoffnung und Verdrängung (Das Festhalten an schlechten Trades)

Hoffnung ist eine emotionale Falle, in die viele Trader tappen. Anstatt Verluste zu begrenzen und eine rationale Entscheidung zu treffen, klammern sich Trader an ihre Positionen, in der Hoffnung, dass der Markt „doch noch drehen wird".

➡ **Typische Szenarien:**

- Ein Trader hält eine stark gefallene Aktie und redet sich ein: „Ich verkaufe nicht mit Verlust. Sie muss sich doch wieder erholen."
- Der Trader ignoriert klare Verkaufssignale, weil er emotional an einen Trade gebunden ist.

- Anstatt eine Stop-Loss-Order zu setzen, wird der Verlust einfach „ausgesessen“ – oft mit fatalen Folgen.

➡ **Folge:**

- Trader, die an schlechten Positionen festhalten, verlieren oft noch mehr Geld, weil sie den Trend nicht akzeptieren.
- Große Marktteilnehmer nutzen diese Schwäche aus, indem sie genau wissen, wo unerfahrene Trader ihre Positionen aufgeben.

Euphorie (Der gefährlichste Moment im Markt)

Euphorie ist das Endstadium eines Hypes – der Punkt, an dem alle überzeugt sind, dass der Markt „nur noch steigen kann“. Dies ist oft das Zeichen für eine bevorstehende Korrektur.

➡ **Typische Szenarien:**

- **Parabolische Anstiege:** Der Markt steigt steil und scheinbar ohne Grund. Jeder redet von „der besten Gelegenheit aller Zeiten“.
- **Neueinsteiger strömen in den Markt:** Oftmals sind es genau diese späten Käufer, die am Ende die größten Verluste erleiden.
- **„Das ist eine neue Ära“-Denken:** Investoren glauben, dass „diesmal alles anders ist“ und Regeln der Vergangenheit nicht mehr gelten.

➡ **Folge:**

- Der Markt kehrt genau dann um, wenn sich die Mehrheit sicher fühlt.
- Ein plötzlicher Crash zerstört viele überhebelte Positionen.

☞ **Beispiel: Der Bitcoin-Hype 2017 und 2021**

- Ende 2017 erreichte Bitcoin fast 20.000 $, bevor er innerhalb weniger Wochen auf unter 4.000 $ fiel.
- Dasselbe geschah 2021, als Bitcoin auf 69.000 $ stieg – nur um kurz darauf auf unter 20.000 $ zu fallen.

Warum emotionale Kontrolle entscheidend ist

Erfolgreiche Trader sind nicht unbedingt die, die die besten Strategien haben – sondern die, die ihre Emotionen am besten kontrollieren können. Sie wissen:

✓ **Der Markt spielt gegen die Mehrheit.** Die Masse kauft am Hoch und verkauft am Tief.

✓ **Emotionen sind teuer.** Jeder impulsive Trade kostet Geld.

✓ **Regeln sind wichtiger als Bauchgefühl.** Erfolgreiche Trader folgen einem klaren System, egal wie sie sich fühlen.

✓ **Kapitalerhalt ist die oberste Priorität.** Es geht nicht darum, immer zu gewinnen – sondern Verluste zu begrenzen und langfristig profitabel zu bleiben.

☞ **Strategien zur Emotionskontrolle:**

- **Setze immer ein Stop-Loss.** So vermeidest du katastrophale Verluste.
- **Führe ein Trading-Journal.** Dokumentiere deine Trades und Emotionen – das hilft, Muster zu erkennen.
- **Trade nie aus Angst oder Gier.** Wenn du FOMO spürst – mach eine Pause.

- **Nutze Risiko-Management.** Investiere nie mehr, als du bereit bist zu verlieren.

Fear and Greed Index – Die Psychologie des Marktes in einem einzigen Wert

Der **Fear and Greed Index** ist eines der bekanntesten Werkzeuge, um die allgemeine Marktstimmung zu messen. Er zeigt an, ob die Anleger gerade eher ängstlich (Fear) oder gierig (Greed) sind – zwei der stärksten Emotionen, die die Finanzmärkte antreiben. Dieser Index ist besonders im **Aktienmarkt und Kryptomarkt** relevant, weil er hilft, potenzielle Übertreibungen oder Wendepunkte zu identifizieren.

Aber wie funktioniert dieser Index genau, wie wird er berechnet und warum kann er eine wertvolle Hilfe für Trader und Investoren sein?

Warum ist der Fear and Greed Index so wichtig?

Der Markt ist nicht nur von fundamentalen Daten wie Unternehmensgewinnen oder Wirtschaftswachstum abhängig, sondern **vor allem von Emotionen**. Während rationale Anleger langfristig planen, trifft die Masse der Trader ihre Entscheidungen oft impulsiv – getrieben von Angst oder Gier.

- **Wenn die Angst groß ist,** verkaufen Anleger panisch, oft genau am Tiefpunkt.

- **Wenn die Gier dominiert,** kaufen Anleger euphorisch, oft genau am Hochpunkt

Der Fear and Greed Index hilft also, **extreme Emotionen zu erkennen** und möglicherweise gegensätzlich zur Masse zu handeln – eine Strategie, die von erfolgreichen Investoren wie Warren Buffett oft betont wird:

💡 **„Sei gierig, wenn andere ängstlich sind, und sei ängstlich, wenn andere gierig sind."**

Wie wird der Fear and Greed Index berechnet?

Der Fear and Greed Index kombiniert verschiedene Indikatoren, die die Marktstimmung widerspiegeln. Dabei gibt es zwei bekannte Versionen:

Fear and Greed Index für den Aktienmarkt (CNN Money)

CNN Money hat einen eigenen Index entwickelt, der sich aus **sieben** Faktoren zusammensetzt. Jeder dieser Faktoren wird auf einer Skala von 0 bis 100 bewertet, wobei 0 maximale Angst (Extreme Fear) und 100 maximale Gier (Extreme Greed) bedeutet.

Hier sind die sieben Komponenten:

1. **Marktmomentum:** Vergleicht den S&P 500 mit seinem gleitenden Durchschnitt der letzten 125 Tage.
2. **Aktienkursstärke:** Misst, wie viele Aktien auf einem neuen Hoch im Vergleich zu einem neuen Tief stehen.

3. **Aktienkursbreite:** Analysiert das Handelsvolumen bei steigenden oder fallenden Kursen.
4. **Put/Call-Ratio:** Zeigt das Verhältnis von Put-Optionen (Absicherung gegen Verluste) zu Call-Optionen (spekulative Käufe).
5. **Junk-Bond-Nachfrage:** Misst, wie risikofreudig Investoren sind, indem es das Verhältnis von sicheren Anleihen zu risikoreichen Anleihen betrachtet.
6. **Volatilitätsindex (VIX):** Je höher die Volatilität, desto größer die Angst.
7. **Nachfrage nach sicheren Häfen:** Schaut, ob Investoren lieber in sichere Anlagen wie Gold oder Staatsanleihen flüchten.

Der kombinierte Wert aus diesen Indikatoren ergibt den Fear and Greed Index auf einer Skala von 0 bis 100.

- **0–25:** Extreme Angst (gute Kaufgelegenheiten möglich)
- **26–45:** Angst
- **46–55:** Neutrale Marktstimmung
- **56–75:** Gier
- **76–100:** Extreme Gier (Vorsicht vor Überhitzung)

Fear and Greed Index für den Kryptomarkt (Alternative.me)

Der Kryptomarkt hat eine eigene Version des Index, die sich aus fünf Hauptindikatoren zusammensetzt:

1. **Volatilität:** Hohe Schwankungen bedeuten mehr Angst.
2. **Marktmomentum & Volumen:** Hohe Kaufvolumina signalisieren Gier.
3. **Social Media Sentiment:** Analysiert, ob Tweets und Diskussionen positiv oder negativ sind.
4. **Umfragen & Markttrends:** Misst die allgemeine Stimmung von Anlegern.
5. **Bitcoin-Dominanz:** Ein Rückgang der Bitcoin-Dominanz kann Gier anzeigen, weil mehr Kapital in Altcoins fließt.

Auch hier gilt die Skala von 0 bis 100 mit den gleichen Bedeutungen.

Wie kann man den Fear and Greed Index nutzen?

1. Extremwerte als Warnsignale sehen

- Wenn der Index **unter 20** fällt (Extreme Fear), könnte der Markt überverkauft sein – eine mögliche Kaufgelegenheit.
- Wenn der Index **über 80** steigt (Extreme Greed), könnte der Markt überhitzt sein – eine mögliche Verkaufsgelegenheit.

2. Emotionale Entscheidungen vermeiden

- Der Index hilft, sich von der Massenpsychologie nicht beeinflussen zu lassen.
- Anstatt in Euphorie zu kaufen oder in Panik zu verkaufen, kann man mit ruhigem Kopf analysieren.

3. Langfristige Chancen erkennen

- In Phasen extremer Angst haben viele große Investoren eingekauft, während die Masse verkauft hat (z. B. 2008, 2020).
- In Phasen extremer Gier haben viele smarte Investoren verkauft (z. B. Bitcoin 2021 bei 69.000 $).

Beispiele aus der Praxis

März 2020 – Extreme Fear (Corona-Crash)
Der Fear and Greed Index fiel auf **3 von 100**, als die Märkte

weltweit aufgrund von Corona abstürzten. Panikverkäufe dominierten, doch genau an diesem Punkt startete eine der größten Börsenrallyes der Geschichte.

November 2021 – Extreme Greed (damaliges Bitcoin Allzeithoch)
Der Krypto-Fear-and-Greed-Index lag bei **90**, als Bitcoin fast 69.000 $ erreichte. Kurz darauf begann ein massiver Crash, der BTC unter 20.000 $ drückte.

Kritik und Grenzen des Fear and Greed Index

Obwohl der Index ein hilfreiches Werkzeug ist, sollte er **nicht als alleinige Entscheidungsgrundlage** genutzt werden.

1. Er zeigt nur die aktuelle Stimmung, nicht die Zukunft.

- Der Index kann lange in einer extremen Zone bleiben.
- Märkte können „teuer" bleiben oder „billig" erscheinen, aber trotzdem weiter steigen oder fallen.

2. Er ist ein Stimmungsindikator, keine Fundamentalanalyse.

- Er zeigt Emotionen, aber keine wirtschaftlichen oder technischen Faktoren.
- Große Ereignisse wie Zinserhöhungen oder Unternehmensgewinne können den Markt stärker beeinflussen.

3. Manipulation durch Medien und Großinvestoren möglich.

- Starke Marktteilnehmer können die Stimmung gezielt beeinflussen.

- Hohe Volatilität oder gezielte Panikmache können den Index verzerren.

Fazit: Ein wertvolles Werkzeug für clevere Investoren

Der Fear and Greed Index ist ein großartiges Tool, um die allgemeine Marktstimmung zu verstehen und emotionale Übertreibungen zu erkennen. Smarte Trader und Investoren nutzen ihn nicht als alleiniges Signal, sondern als **ergänzende Orientierungshilfe**.

💡 **Die goldene Regel bleibt:**

- **Angstphasen sind oft Kaufgelegenheiten.**
- **Gierphasen sind oft Verkaufsgelegenheiten.**

Wer seine Emotionen im Griff hat und den Index als Teil einer **ganzheitlichen Strategie** nutzt, kann sich einen wichtigen Vorteil verschaffen. Denn am Ende gewinnt nicht der, der in Euphorie kauft oder in Panik verkauft – sondern der, der strategisch handelt.

Die Wahrheit über technische Analyse: Eine andere Perspektive

In der Welt der technischen Analyse gibt es eine Vielzahl von Indikatoren, Oszillatoren und Chartmustern, die Trader verwenden, um die besten Einstiegs- und Ausstiegs-Zeitpunkte zu bestimmen. Doch in meinen Augen ist es nicht so sehr die Technik allein, die den Unterschied ausmacht, sondern die Fähigkeit, den **Markt in seiner Gesamtheit zu verstehen**. Die wahre Kunst liegt nicht nur im Erkennen von Mustern, sondern im **Interpretieren der Marktstruktur und der Dynamik, die den Preis bewegen**.

Für mich ist es essentiell, den **richtigen Kontext** zu erkennen. Anstatt mich von kurzfristigen Schwankungen treiben zu lassen, nutze ich eine **mehrstufige Analyse**, die verschiedene Zeitrahmen miteinander kombiniert. Der **1D-Chart** (Tageschart) gibt mir einen Überblick über die übergeordnete Marktrichtung – wohin geht der Markt und in welchem Trend bewegen wir uns? Auf diesem Fundament baue ich auf.

Im **4H-Chart** erkenne ich die relevanten Preislevel und markanten Punkte, die der Markt im Verlauf erreichen könnte. Diese Bereiche sind nicht nur zufällige Linien, sondern Zonen, in denen der Markt in der Vergangenheit auf Reaktionen gestoßen ist – und genau hier könnte er erneut umkehren oder durchbrechen.

Aber die eigentlichen **Einstiegsentscheidungen** treffe ich dann im **1h-Chart**. Hier geht es darum, die feinen Bewegungen und Übergänge zu identifizieren, die auf eine bevorstehende Veränderung hindeuten. Besonders achte ich auf das Konzept der **Break of Structure (BoS)**, das für mich eine Bestätigung dafür ist, dass sich der Markt in die gewünschte Richtung bewegt. Es geht dabei nicht nur um den Preis, sondern auch um das **Verhalten des Marktes**, die Art und Weise, wie er auf bestimmte Bereiche reagiert.(dazu später mehr)

Was ich für besonders wichtig halte, ist die **Auswahl der richtigen Zonen**. Order Blocks sind für mich der Schlüssel, aber nicht jeder Orderblock ist gleich wertvoll. Besonders vorteilhaft finde ich es, wenn ein Orderblock in einem Bereich liegt, der **vorherige Liquidität enthält**, die für **Liquidity Sweeps** genutzt werden kann. Das bedeutet, der Markt wird zuerst diese Liquidität „abholen", bevor er seine eigentliche Richtung aufnimmt. So eine Strategie erfordert Geduld, da der Markt oft vor einer bedeutenden Bewegung erstmal in die entgegengesetzte Richtung läuft, um diese Liquidität zu sammeln.

Und wie bei jeder guten Strategie, sollte der **Stop Loss** nicht willkürlich gesetzt werden. Für mich ist es entscheidend, dass er sich hinter einem relevanten **Orderblock** befindet, der eine klare Marktstruktur darstellt. Dieser Bereich sollte ein **sicherer** Ort sein, an dem der Markt entweder seine Richtung bestätigt oder den Trend fortsetzt. In meinen Augen ist es besser, mit einem etwas engeren Stop Loss zu arbeiten und dafür sicherzustellen, dass er sich an einer **strategischen** Stelle im Markt befindet, anstatt einfach auf den nächsten Swing zu setzen.

Das sind nur einige der Grundsätze, die meiner Meinung nach den Erfolg in der technischen Analyse ausmachen. Aber wie du siehst, geht es nicht nur um das Auswendiglernen von Indikatoren oder das ständige Beobachten von Charts. Es geht darum, die **Marktstruktur zu verstehen**, die **richtigen Zonen zu erkennen** und darauf basierend eine fundierte Entscheidung zu treffen. Aber das ist noch lange nicht alles – es gibt noch viele weitere Schichten und Feinheiten, die entscheidend sind, wenn du deine Strategie wirklich verfeinern willst. Und genau darum geht es in den nächsten Kapiteln, in denen ich dir meine **komplette Strategie** im Detail vorstellen werde.

Jetzt, da du einen Einblick in meine Sichtweise und einige Grundprinzipien bekommen hast, wird es Zeit, einen Schritt weiterzugehen. Die Theorie ist das Fundament, aber die **Praxis** ist es, die den echten Unterschied macht. In den kommenden Kapiteln werde ich dir meine komplette Strategie im Detail vorstellen – von der Analyse über die Einstiegs- und Ausstiegspunkte bis hin zu den **psychologischen Aspekten**, die bei jedem Trade eine Rolle spielen.

Du wirst verstehen, wie ich die **Marktstrukturen** analysiere, warum ich bestimmte **Orderblocks** favorisiere und wie ich die **Liquiditätszonen** für mich nutze. Aber das ist nur der Anfang. In meiner Strategie steckt nicht nur technisches Wissen, sondern auch die Fähigkeit, die **richtigen Entscheidungen zur richtigen Zeit** zu treffen. Ich werde dir genau zeigen, wie ich auf verschiedenen Zeitrahmen arbeite, wie ich **meine Stop-Losses** setze und **Take-**

Profits verwalte, um den maximalen Erfolg aus jedem Trade zu holen.

Bist du bereit, die komplette Strategie zu erfahren, die hinter jedem meiner Trades steckt? Dann lass uns direkt eintauchen und ich werde dir alles Schritt für Schritt erklären – damit du das Beste aus deinem Trading herausholen kannst.

SMT Liquidity Orderblock Strategie

Einleitung

Jede erfolgreiche Trading-Strategie basiert auf einem soliden Konzept, das aus markttechnischer Analyse, Wahrscheinlichkeitsvorteilen und konsequenter Umsetzung besteht. In diesem Kapitel präsentiere ich meine ausgearbeitete Strategie, die auf der Kombination aus Orderblocks (OB) im 4-Stunden-Zeitrahmen (4H) und Break of Structure (BOS) im 1 Stunden-Chart (1H) und Smart Money Traps basiert.

Die Strategie zielt darauf ab, mit hoher Wahrscheinlichkeit präzise Entries in Richtung des Markttrends zu finden. Sie kombiniert Marktstruktur, Smart Money Traps, Liquidity Concepts und Fair Value Gaps (FVG), um nicht nur sichere Einstiege zu finden, sondern auch das Risiko effizient zu managen.

Lass uns nun Schritt für Schritt in die Basics meiner Strategie eintauchen, später dann noch ein paar Beispiele, um es zu verinnerlichen und grafisch darzustellen.. Schreib gerne mit oder markiere dir Stellen, die du nicht verstehst ! Manche Begriffe erklären sich im Laufe des Buches von selbst! Das hier ist der wichtigste Part !

1. Die Grundbausteine der Strategie

Bevor wir uns dem Entry-Prozess widmen, müssen wir die wichtigsten Komponenten der Strategie definieren:

- **4H Orderblock (OB):** Ein markanter Bereich, in dem starke institutionelle Bewegungen stattgefunden haben. Er dient als Haupt Ausgangspunkt für potenzielle Entries. (das ist immer die letzte gegensätzliche candle vor einem starken impuls)
- **Break of Structure (BOS):** Ein klarer Strukturbruch im 1h Chart, der uns bestätigt, dass sich der Markt in die erwartete Richtung bewegt.
- **Fair Value Gap (FVG):** Ein unbalancierter Bereich im Markt, der als potenzieller Retest-Level für Entries genutzt wird.
- **Invalider Fair Value Gap (IFVG):** Ein FVG, der durchbrochen wurde und als potentieller Einstieg dient.
- **Premium & Discount-Zonen:** Diese helfen dabei, mögliche Einstiegsbereiche innerhalb der Marktstruktur zu optimieren.
- **HTF-Alignment:** Der wichtigste Aspekt all dieser Punkte ist das HTF-Alignment. das bedeutet das für einen short mindestens 2 von 3 timeframes bärisch oder für einen long mindestens 2 von 3 timeframes bullisch sein müssen wenn du zum beispiel 1d und im 1h bärisch bist aber im 4h bullisch ist das ein schlechterer wenn gar unbrauchbarer trade für diese strategie! . Wichtig ist, dass 2 Timeframes von 1d über 4h bis hin zum 1h die gleiche Richtung wollen.

- **SMT – Smart Money Traps:**
 SMTs sind perfide, aber unglaublich aussagekräftig. Dabei handelt es sich um **gezielte Liquiditätsfallen**, die von institutionellen Akteuren erzeugt werden, um Retail-Trader in die falsche Richtung zu locken – bevor der Markt die wahre Bewegung startet.
 Typisches Beispiel:
 Ein Hoch wird in einem korrelierenden Asset (z. B. EUR/USD vs. DXY) **leicht überschritten**, während das andere Asset **kein neues Hoch macht** – das ist ein Hinweis auf einen möglichen **Manipulationspunkt und potenziellen Reversal**.

In meiner Strategie beobachte ich SMTs vor allem in Kombination mit:

- **korrelierten Märkten** (z. B. Gold vs. Silber, EUR/USD vs. DXY)
- **Liquiditätszonen direkt über/unter Hochs und Tiefs**
- **BOS-Zonen, die zu früh gebrochen werden, um dann direkt zu reversen**

SMTs liefern mir zusätzliche Bestätigung oder auch Warnsignale – sie helfen dabei, **nicht blind in offensichtliche „Breakouts" zu springen**, die sich später als Falle entpuppen.

Diese Bausteine sind das Fundament der Strategie.

2. Die Strategie im Detail

Die Strategie basiert auf einer **Top-Down-Analyse** und durchläuft mehrere Schritte:

1. Bestimmung des 1d+4H-Trends und Identifikation eines Orderblocks

- Bestimme eine SMT Divergenz bei korrelierenden Märkten
- Analysiere den 4H-Chart und bestimme die aktuelle Marktrichtung (bullisch oder bärisch).
- davor ist es noch wichtig zu gucken ob auch im 1d timeframe die gleiche richtung angedeutet wird
- Suche nach einem **Orderblock im 4h und 1d**, an dem der Preis in der Vergangenheit eine starke Bewegung gemacht hat.
- Markiere diesen Bereich als potenziellen Reaktionspunkt. (über tradingview auch mit indikatoren möglich wie "Simple ICT OB & FVG by GK")

2. Wechsel auf den 1h-Chart und Warten auf einen BOS

- Sobald der Preis in den 4H-OB hineinläuft, wechsle in den 1h-Chart.
- Warte auf einen **Break of Structure (BOS)** in die erwartete Richtung.
- Der BOS bestätigt, dass sich der Markttrends kurzfristig mit unserer Analyse deckt.

3. Entry-Planung mit IFVG und OBs auf 1h

- Nachdem der BOS geformt wurde, suche nach einem **Fair Value Gap (FVG)**oder einem **Invalid FVG (IFVG)** für den Einstieg. (all das kommt noch später in dem kapitel)
- Alternativ kann auch ein kleinerer Orderblock als Entry-Zone genutzt werden.

- Ziel ist es, den Entry in einem **Discount-Bereich bei Longs** oder **im Premium-Bereich bei Shorts** zu platzieren.

4. Einstieg nach Retest mit Bestätigung

- Der Markt sollte nach dem BOS zurück in den markierten FVG oder OB laufen.
- Warte auf eine Bestätigung wie:
  - **Rejection Candles (Pin Bars, Engulfing Candles, Doji)**
  - **Strukturwechsel auf 5M (Micro-BOS)**
- Wenn eine Bestätigung vorliegt, erfolgt der Entry.

5. SMT (Smart Money Traps) für bessere einstiege

Ein weiterer Punkt, den viele Trader komplett übersehen – in meiner Strategie aber eine sehr wichtige Rolle spielt – sind die sogenannten SMT,*Smart Money Traps*. Diese Technik basiert auf einem einfachen, aber unglaublich effektiven Prinzip: Du vergleichst zwei korrelierende Märkte, zum Beispiel EUR/USD und GBP/USD, BTC und ETH, oder NASDAQ100 und S&P500, und achtest darauf, ob sie sich gleich verhalten – oder eben nicht.

Denn genau darin liegt der Schlüssel:
Wenn zwei Märkte, die normalerweise gleich laufen, plötzlich unterschiedlich reagieren, dann hat das seinen Grund. Und dieser Grund ist meistens Smart Money – institutionelle Marktteilnehmer, die gezielt eine Seite in die Falle laufen lassen, während sie sich selbst bereits in die entgegengesetzte Richtung positionieren. SMT hilft dir, diese Falle zu erkennen, bevor du hineintappst.

Ich erkläre dir das an einem einfachen Beispiel, das du direkt im Chart nachverfolgen kannst – und das du auch mit einem maximalen Timeframe von 1 Stunde problemlos anwenden kannst. Stell dir vor, BTC macht ein neues Hoch – das sieht erstmal bullisch aus. Doch wenn du jetzt auf ETH schaust, und dort kommt kein neues Hoch, sondern eher eine Seitwärtsbewegung oder sogar

Schwäche, dann ist das ein Warnsignal. Denn wenn beide Märkte stark korreliert sind (z. B. 0,9 oder mehr), dann sollte auch ETH nachziehen. Tut es das nicht, spricht vieles dafür, dass BTC gerade nur eine Liquiditätsspitze produziert – ein sogenannter *Trap Move*, um Stopps zu holen. Das ist ein typisches SMT-Signal: Eine Divergenz, die nicht logisch erklärbar ist – es sei denn, man denkt wie Smart Money.

Und genau da wird's spannend.
Denn in meiner Strategie beobachte ich solche Bewegungen ganz bewusst im Zusammenspiel mit Break of Structure auf dem 1H-Chart, Orderblocks und Fair Value **Gaps**. Wenn ich eine SMT-Divergenz sehe – also zum Beispiel: NASDAQ bricht das Hoch, S&P500 aber nicht – dann warte ich, ob sich im 1H-Chart ein BOS in die entgegengesetzte Richtung bildet.
Kommt dieser Strukturbruch, und der Markt befindet sich gleichzeitig in einem Orderblock oder in einer FVG-Zone, dann ist das für mich eine potenziell perfekte Entry-Situation. Ich weiß dann: Smart Money hat wahrscheinlich gerade Liquidität geholt – jetzt kommt die echte Bewegung. Ich warte nur noch auf die Bestätigung im 1h Chart, und der Trade läuft.

Das Beste an SMT ist: Du brauchst dafür keine komplexe Multi-Timeframe-Analyse, keinen Indikator, keinen externen Feed. Alles, was du brauchst, ist ein Blick auf zwei korrelierende Assets, und ein bisschen Aufmerksamkeit für die feinen Unterschiede. Der Schlüssel liegt im Detail. Nicht in der Lautstärke des Charts – sondern in der Frage:
„Warum macht dieses Asset ein neues Hoch – und das andere nicht?"
„Warum fällt das eine – und das andere hält sich?"

Genau diese Fragen führen dich dorthin, wo Smart Money längst ist.

SMT ersetzt keine Struktur. Es ist kein Entry-Trigger. Aber es ist ein extrem wertvoller Filter, der dir sagt: Achtung – hier stimmt etwas nicht. Und wenn du diesen Hinweis kombinierst mit dem, was du schon analysiert hast (OB, FVG, BOS auf dem 1H und 15M), dann bekommst du kein Setup mehr auf Verdacht – sondern ein Setup mit tiefem Verständnis für das, was im Markt wirklich passiert.

Natürlich gibt es auch Momente, in denen SMT nicht funktioniert. Zum Beispiel, wenn die Korrelation gerade nicht stark genug ist, weil ein Asset ein eigenes Narrativ hat (z. B. ETH bei großen Netzwerk-News). Oder wenn der Markt keine klare Struktur zeigt, sondern einfach nur seitwärts driftet.
Aber in einem sauberen Trend, mit klaren Bewegungen – vor allem in Liquiditätszonen – ist SMT ein Gamechanger.

Zusammengefasst heißt das, wenn so eine SMT erkannt wird und zufällig in einen deiner Orderblocks reinläuft, ist das mindestens ein A+++ Setup und ein sehr guter Trade mit einer hohen Erfolgschance !

Du musst nicht mehr „fühlen", ob der Move echt ist.
Du siehst, ob er Sinn ergibt.
Und genau das ist die Kunst: **Nicht gegen das Smart Money zu traden, sondern mit ihm.**

6. Take Profit (TP) und Stop Loss (SL) setzen

- **TP 1:** Setze den ersten TP auf den nächsten markanten Swing Point oder das nächste Liquiditätslevel (FVG, Orderblock etc.).
- **TP 2:** Falls du den Trade länger laufen lassen willst, richte den zweiten TP auf den letzten BOS-Punkt aus.
- **SL:** Stop Loss sollte immer unter dem letzten Tief (bei Longs) oder über dem letzten Hoch (bei Shorts) liegen.

3. Erweiterte Entry-Techniken: Was tun, wenn der FVG gebrochen wird?

Falls ein **FVG durchbrochen wird**, kann ein neuer Plan entwickelt werden:

1. **Falls der Markt nach dem Durchbruch einen Retest macht und rejected → Entry mit Bestätigung.**
2. **Falls der FVG klar gebrochen wird und sich kein BOS bildet → Kein Entry!**
3. **Falls ein neuer IFVG entsteht → Warten auf einen Retest für den Einstieg.**
4. **potentiell trade einfach ignorieren weniger ist oft mehr**

4. Timeframe: 15 min vs 1h

Ein wichtiger Punkt in der Strategie ist die Wahl des Timeframes für den Entry:

- **1h Entries:**
  - Gut für längere Trades
  - Stärkere Signale, aber weniger Entries
- **15min Entries:**
  - Mehr Entries, aber auch mehr Fehlsignale
  - Eignet sich für Scalping und feinere Einstiege

Die beste Vorgehensweise ist oft, auf dem **1h tf nach BOS zu suchen** und dann auf 1**5M präzisere Entries zu timen.** Es reicht aber auch völlig aus, auf dem 1h-Timeframe zu bleiben, um Fehlsignale zu vermeiden!

Fazit: Warum diese Strategie funktioniert

Diese Strategie funktioniert, weil sie **strukturierte Marktdynamiken** nutzt, um hohe Wahrscheinlichkeiten für erfolgreiche Trades zu erzeugen. Anstatt blind nach Mustern zu suchen, fokussiert sie sich auf:

✅ **Trading mit der Hauptstruktur (4H)** ✅ **Einstieg nach Bestätigung auf 15M und 5M** ✅ **Nutzen von FVGs & OBs für hohe Präzision** ✅ **Risikomanagement durch klare SL- und TP-Levels und ausnutzung der SMTs.**

Die Kombination aus diesen Faktoren sorgt für einen wiederholbaren und effizienten Trading-Prozess. Disziplin und konsequentes Befolgen der Regeln sind dabei essenziell.

"Trading ist ein Spiel der Wahrscheinlichkeiten. Unsere Aufgabe ist es nicht, jeden Trade zu gewinnen, sondern die besten Wahrscheinlichkeiten für uns zu nutzen und unser Risiko zu managen."

Das war im grunde die Strategie aber nicht alle werden sich darunter etwas vorstellen können deswegen fangen wir einfach mit grafiken an die es euch besser erklären können als jedes wort.. das hier ist im grunde eine marktstruktur sehr vereinfacht dargestellt:

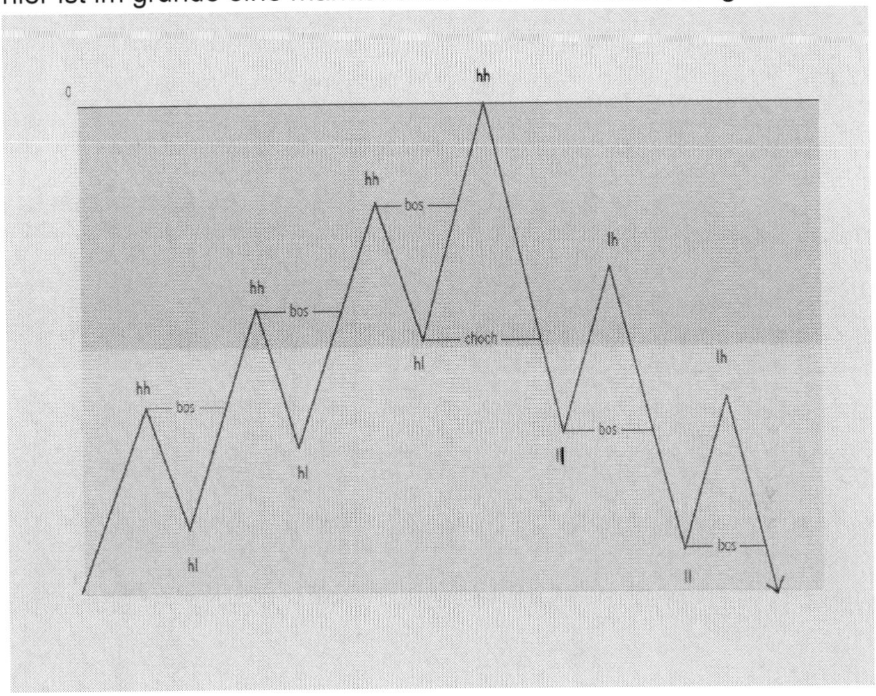

Beim Trading ist das Verständnis der Marktstruktur unerlässlich, um sich erfolgreich am Markt zu positionieren. Dieses Kapitel behandelt die wichtigsten Konzepte zur Trendanalyse, erklärt den Sinn und Zweck eines Strukturbruchs (**BOS – Break of Structure**) und zeigt auf, wie man nach einem BOS optimale Einstiege findet.

1. Die grundlegende Marktstruktur

Der Markt bewegt sich in wiederkehrenden Mustern, die sich in einer Abfolge von Hochs und Tiefs manifestieren. Diese Struktur hilft dabei, die aktuelle Richtung des Marktes zu bestimmen und zukünftige Bewegungen mit höherer Wahrscheinlichkeit vorherzusagen.

Es gibt zwei Hauptphasen im Markt:

1. **Aufwärtstrend (Bullischer Markt)**
   - **HH (Higher Highs)** → Höhere Hochs werden gebildet.
   - **HL (Higher Lows)** → Höhere Tiefs bestätigen den Trend.
   - Die Struktur zeigt an, dass Käufer dominieren und der Preis weiter steigen könnte.
2. **Abwärtstrend (Bärischer Markt)**
   - **LH (Lower Highs)** → Niedrigere Hochs signalisieren Schwäche.
   - **LL (Lower Lows)** → Niedrigere Tiefs bestätigen den Abwärtstrend.
   - Verkäufer übernehmen die Kontrolle, und der Markt bewegt sich nach unten.

Das stetige Wechselspiel zwischen HH/HL und LH/LL bildet die Basis der Marktbewegung.

2. Der Strukturbruch (BOS – Break of Structure) und seine Bedeutung

Ein **Break of Structure (BOS)** tritt auf, wenn der Markt ein vorheriges Hoch oder Tief durchbricht. Dieses Ereignis zeigt eine Verschiebung im Kräfteverhältnis zwischen Käufern und Verkäufern an.

- **Bullischer BOS:** Wenn ein neues HH gebildet wird, zeigt dies an, dass der Markt weiterhin nach oben strebt.

- **Bärischer BOS:** Wenn ein neues LL entsteht, bestätigt dies, dass der Abwärtstrend anhält

Ein BOS ist entscheidend, da er bestätigt, dass der Markt seinen Trend beibehält oder eine neue Richtung einschlägt.

Warum passiert ein BOS?

Ein BOS passiert, wenn die Kauf- oder Verkaufsseite zu stark wird und bestehende Unterstützungs- oder Widerstand Niveaus durchbricht.

- In einem Aufwärtstrend entsteht ein BOS, wenn Käufer weiterhin Druck ausüben und neue Hochs erzwingen.
- In einem Abwärtstrend zeigt ein BOS an, dass Verkäufer dominieren und den Markt weiter nach unten treiben.

Ein BOS allein reicht jedoch nicht aus, um einen Einstieg zu tätigen. Vielmehr muss man nach **Bestätigungen** und strukturellen Mustern suchen, die einen profitablen Trade ermöglichen.

3. Der Change of Character (CHoCH) – Ein Zeichen für die Trendwende

Ein **Change of Character (CHoCH)** ist oft das erste Anzeichen für eine Trendumkehr.

- Im Aufwärtstrend bedeutet ein CHoCH, dass ein vorheriges HL unterschritten wurde – ein Zeichen, dass Käufer an Stärke verlieren.
- Im Abwärtstrend passiert ein CHoCH, wenn ein vorheriges LH überschritten wird, was auf eine Schwächung der Verkäufer hindeutet.

Ein CHoCH kann als **Frühwarnsignal** für eine Trendwende gesehen werden.

4. Optimale Einstiege nach einem BOS finden

Sobald ein BOS auf einer höheren Zeitebene (z. B. 4-H-Chart) stattgefunden hat, kann man auf eine niedrigere Zeitebene (z. B. 1-h-Chart) wechseln, um nach einem **optimalen Einstieg** zu suchen.

Einstiegsmöglichkeiten nach einem BOS:

1. **Orderblocks (OBs)**
    - Ein Orderblock ist eine **ungetestete Zone**, in der zuvor institutionelle Kauf- oder Verkaufsaufträge lagen.
    - Nach einem BOS kann der Preis zurückkehren, um diese Zone erneut zu testen, bevor die nächste impulsive Bewegung beginnt.
    - Orderblocks sind besonders starke Zonen für eine Umkehr oder Fortsetzung des Trends.
2. **Fair Value Gaps (FVGs)**
    - Ein Fair Value Gap (FVG) entsteht, wenn es eine **schnelle, unausgeglichene Bewegung** gibt, die eine Lücke zwischen drei Kerzen hinterlässt.
    - Wird diese Lücke erneut getestet, kann dies als Einstiegspunkt dienen, da der Markt das Ungleichgewicht oft wieder ausgleicht.
3. **Retests nach einem BOS**
    - Nach einem BOS zieht sich der Markt oft zurück, um das **gebrochene Niveau zu testen**.

- Wenn der Preis nach einem BOS in eine OB- oder FVG-Zone zurückkehrt, bietet sich eine **hochwahrscheinliche Einstiegsmöglichkeit**.

Wann ist der beste Zeitpunkt für einen Entry?

- **Aggressiver Einstieg:** Sofort nach einem BOS, wenn eine impulsive Bewegung bestätigt, dass sich der Trend fortsetzen könnte.
- **Konservativer Einstieg:** Nach einem Retest in eine OB oder eine FVG-Zone auf einer niedrigeren Zeitebene. (wichtig wieder 2 timeframes müssen in die gleiche richtung laufen für einen besonders guten trade mit hohem risk to reward ratio das heißt auf einen choch oder einen bos im 4h warten wenn nötig.)

5. Premium- und Discount-Bereiche zur Bestimmung von Einstiegszonen

Ein weiterer wichtiger Aspekt für die Wahl eines idealen Einstiegs ist die Unterscheidung zwischen **Premium- und Discount-Bereichen**. Premium ist bei mir das Dunklere grau und der Discount ist das hellere (bei der Grafik)

- **Discount-Bereich (günstige Kaufzone):** Liegt unterhalb der 50%-Marke einer großen Bewegung. Hier bieten sich oft die besten Long-Entries.

- **Premium-Bereich (teure Verkaufszone):** Liegt oberhalb der 50%-Marke einer Bewegung. Hier sind Shorts oft vorteilhafter.

Ein einfacher Weg, diese Zonen zu identifizieren, ist die Verwendung des **Fibonacci-Retracements**:

- Alles unter 50% gilt als **Discount** → Gute Kaufgelegenheiten.
- Alles über 50% gilt als **Premium** → Gute Verkaufsgelegenheiten.

Ein BOS in Kombination mit einem Retest in einem **Discount-Bereich** bietet eine **hochwahrscheinliche Long-Entry-Gelegenheit**.

6. Orderblocks – Was sie sind und wie du sie erkennst

Ein zentrales Konzept in meiner Strategie ist der sogenannte **Orderblock (OB)**.
Er ist keine „magische Zone" – sondern ein Bereich im Chart, in dem **institutionelle Marktteilnehmer** (oft auch *Smart Money* genannt) **große Kauf- oder Verkaufspositionen eröffnet haben.** Diese Zonen sind deshalb so wichtig, weil sie oft **der Ursprung starker Bewegungen** sind – Bewegungen, die nicht durch Kleinanleger entstehen, sondern durch Kapital in Millionenhöhe.

Wenn du lernst, diese Zonen zu erkennen und zu verstehen, **kannst du gezielter und sicherer einsteigen**, weil du mit der Kraft großer Player im Rücken arbeitest – nicht dagegen.

Was ist ein Orderblock?

Ein **Orderblock** ist in der Regel die **letzte bullische oder bärische Kerze** vor einem **starken impulsiven Move**. Er signalisiert den Bereich, in dem wahrscheinlich **eine große Menge an Orders platziert wurde**, um den Markt in Bewegung zu bringen.

Einfach gesagt:

- Bei einem **bullischen Orderblock** ist es die **letzte rote (bärische) Kerze**, **bevor der Preis stark nach oben schießt**.
- Bei einem **bärischen Orderblock** ist es die **letzte grüne (bullische) Kerze**, **bevor eine starke Abwärtsbewegung startet.**

Warum das funktioniert?
Institutionelle Trader platzieren ihre Positionen nicht „mitten im Move", sondern **am Beginn** einer geplanten Bewegung – dort, wo noch genug Liquidität ist, um große Orders zu füllen.

Wie erkennt man einen Orderblock?

Ein guter Orderblock ist:

- **Nah an einer Liquiditätszone** (z. B. unter einem Tief oder über einem Hoch)
- **Teil einer größeren Struktur**, z. B. als Auslöser eines Break of Structure (BOS)
- **Noch nicht vollständig zurückgetestet** (ungetappt = höheres Potenzial)

- **Nicht durch ein Candle-Close durchbrochen** (noch aktiv)

Du findest Orderblocks am besten, indem du gezielt nach Bewegungen suchst, bei denen der Markt:

- **eine deutliche Richtung ändert**
- **plötzlich mit hoher Dynamik steigt oder fällt**
- dabei **Struktur bricht oder Liquidität holt**

Dann schaust du zurück:
Welche Kerze war die letzte, bevor das Ganze losging?
Das ist dein Orderblock.

Beispiel für einen bullischen Orderblock:

1. Der Markt bildet **ein tieferes Tief** – unter einem HL liegt Liquidität.
2. Plötzlich kommt ein starker Schub nach oben – mit Momentum.
3. Die letzte rote Kerze vor diesem Schub wird **zum Orderblock**.
4. Wenn der Preis später zurückkehrt und auf diese Zone reagiert → **Potenzial für einen Einstieg**.

Warum Orderblocks so gut funktionieren

Große Marktteilnehmer können nicht einfach auf „Buy“ klicken wie wir.

Sie brauchen **Liquidität** – und die finden sie in Zonen, in denen Retail Trader aussteigen (z. B. durch Stop-Losses).
Ein Orderblock ist oft genau dieser Ort:
Ein Bereich mit vielen SLs und kleinen Verkäufen, der genutzt wird, um **große Käufe** zu platzieren.

Wenn du also in einem Orderblock einkaufst, **kaufst du dort, wo auch institutionelle Orders liegen könnten** – und das verbessert deine Wahrscheinlichkeit enorm.

Kombination mit anderen Konzepten

Ein Orderblock ist für sich allein schon stark – aber **richtig mächtig wird er erst**, wenn du ihn **mit anderen Faktoren kombinierst:**

- **HTF-Alignment** (z. B. bullische Struktur im 1D + 4H)
- **Break of Structure (BOS)** oder **CHoCH** danach
- **SMT-Divergenz** in der Nähe (zeigt Manipulation)
- **Fair Value Gap im oder nahe dem OB**
- **Discount-Zone (unter 50 % der letzten Bewegung)**

Wenn all das zusammenkommt, hast du kein „Signal", sondern ein Setup, das auf Logik, Struktur und institutionellem Verhalten basiert.

Fazit

Ein Orderblock ist der **Fußabdruck des Smart Money**.
Lernst du, ihn zu lesen, kannst du mit den großen Spielern der Finanzmärkte schwimmen – statt gegen sie.

Aber vergiss nicht:
Nicht jeder OB ist ein Einstieg.
Erst die Kombination aus OB, Marktstruktur und Reaktion macht ihn zu einer **echten Chance.**

Im weiteren Verlauf dieses Buches wirst du immer wieder Orderblocks sehen – sei also wachsam, übe das Erkennen, und frag dich jedes Mal:

> Wurde hier nur reagiert – oder wurde hier geplant bewegt?

7.Fair Value Gaps – Was sie sind und wie du sie nutzt

Ein weiteres zentrales Konzept, das sich wie ein roter Faden durch diese Strategie zieht, ist die **Fair Value Gap (FVG)**. Wenn du sie richtig verstehst und anwendest, bekommst du eine **präzise Zone**, in der du extrem sauber in den Markt einsteigen kannst – und das sogar **noch bevor der eigentliche Move beginnt**.

Doch was ist eine Fair Value Gap überhaupt?

Was ist eine Fair Value Gap (FVG)?

Eine Fair Value Gap beschreibt einen **unausgeglichenen Preisbereich**, der entsteht, wenn der Markt **zu schnell in eine Richtung läuft**, ohne dass alle Preisniveaus dazwischen richtig „getestet" wurden. Es ist also eine Art **„Preis-Übersprung"**, bei dem Käufer oder Verkäufer **übrig bleiben**, weil ihre Orders nicht gefüllt wurden.

Ein FVG entsteht auf einer Zeitebene (z. B. im 1H oder 15M), wenn:

- **Kerze 1** ein Hoch hat

- **Kerze 2** (die starke, impulsive Candle) ein Tief hat, das **über dem Hoch von Kerze 1 liegt**
- **Kerze 3** beginnt **oberhalb des Hochs von Kerze 1**

→ Dadurch entsteht **eine sichtbare Lücke zwischen Kerze 1 und Kerze 3** → das ist die Fair Value Gap.

In klassischen Märkten würde man von einem „Ineffizienzbereich" sprechen. Im Smart Money Trading ist es ein Hinweis darauf, dass **noch Orders offen sind**, und der Markt eventuell **zurückkehren muss, um dieses Ungleichgewicht zu schließen.**

Warum sind FVGs so mächtig?

Weil große Marktteilnehmer – also Smart Money – **nie im Chaos einsteigen.** Sie platzieren ihre Orders strategisch in genau diesen Bereichen, **wo der Preis unbalanciert war.**
Warum? Weil dort:

- Noch Orders „offen" sind
- Noch keine Käufer oder Verkäufer „bedient" wurden
- Es eine natürliche Tendenz gibt, dorthin zurückzukehren

Du kannst dir eine FVG also wie einen „unfertigen" Preisbereich vorstellen – der Markt **kommt zurück**, um die Lücke zu „füllen", **bevor** er seine eigentliche Bewegung startet.

Wie erkennt man FVGs?

1. Suche nach **schnellen, impulsiven Bewegungen**

2. Markiere den Preisbereich zwischen **dem Hoch der ersten Candle** und **dem Tief der dritten Candle**

3. Dieser Bereich = **FVG**

4. Beobachte, ob der Preis später dorthin zurückkehrt und **reagiert** (z.□B. durch Rejection, BOS, etc.)

Am besten sichtbar sind FVGs im **1H-, 4H- oder 15M-Chart**.

Wie nutzt man FVGs in dieser Strategie?

Die Anwendung ist simpel, aber mächtig:

- **Der Preis läuft in eine OB-Zone hinein**

- **Es gibt einen BOS im 1H-Chart**

- Dann wartest du auf den **Retest in ein FVG** (z.□B. auf M15)

  → Das ist dein Entry

Ein FVG ist damit ein **hochpräziser Einstiegspunkt**, der dir erlaubt, **enge Stopps und hohe RRRs** zu erzielen – weil du sehr nah am Startpunkt der echten Bewegung einsteigst.

Invalides FVG – und warum es trotzdem wertvoll ist

Nicht jede Fair Value Gap hält.
Es kommt vor, dass der Preis **durch die FVG „durchbricht"**, ohne klar zu reagieren – oder dass die Struktur **anschließend in die andere Richtung kippt**.

In diesem Fall sprechen wir von einem **invaliden FVG**.

Ein invalides FVG ist:

- **Kein klassischer Retest-Bereich mehr**
- Aber oft ein **neues Smart-Money-Ziel für Reversals**

Das bedeutet:
Wenn eine FVG **gecleart**, also durchlaufen wird,
aber anschließend z. B. ein **CHoCH oder BOS in die Gegenrichtung** passiert,
dann ist diese Zone ein möglicher Einstiegspunkt – allerdings **mit Vorsicht**.

In meiner Strategie nutze ich ein invalides FVG nur dann,
wenn **SMT + HTF-Orderblock + Strukturwechsel** gleichzeitig vorliegen.
Dann wird das IFVG zur **neuen Entry-Zone** – als Teil eines übergeordneten Smart Money Setups.

Merksatz:

„Ein FVG ist kein Einstieg – es ist ein Fenster, durch das du schauen musst. Erst wenn die Struktur mitspielt, machst du den Schritt hindurch."

8. Praktische Anwendung der Strategie anhand der Marktstruktur-Grafik

Die gezeigte Grafik visualisiert die besprochenen Konzepte:

1. Der Markt beginnt mit einem **Aufwärtstrend** (HH und HL).
2. BOS bestätigen das bullische Momentum.
3. Der erste CHoCH deutet eine **potenzielle Trendwende** an.
4. Ein neuer BOS nach unten signalisiert, dass die Verkäufer nun die Kontrolle übernehmen.
5. Retests in OBs oder FVGs bieten gute Einstiegspunkte für Shorts.
6. Die Struktur wechselt in einen **Abwärtstrend** (LH und LL).

Ein möglicher Einstieg laut dieser Strategie wäre:

- Nach dem ersten BOS abwärts, wenn der Preis in einen **Orderblock oder eine FVG im Premium-Bereich** zurückkehrt.
- Ein **Short-Entry** mit einem Stop-Loss über dem letzten LH und einem Ziel unterhalb des letzten LL.

Diese Vorgehensweise ermöglicht es, **hochwahrscheinliche Setups** mit minimalem Risiko und maximaler Belohnung zu finden.

Fazit

Das Verständnis der Marktstruktur, des BOS und der Retest-Zonen ist essenziell, um profitable Trades zu identifizieren. Die Kombination aus **höheren und tieferen Zeitrahmen**, das Erkennen von **Premium- und Discount-Zonen** sowie das Nutzen von

Orderblocks und Fair Value Gaps führt zu präzisen Ein- und Ausstiegen.

Dieses Wissen ermöglicht es, den Markt strukturiert zu analysieren und sich nicht von zufälligen Bewegungen verunsichern zu lassen.

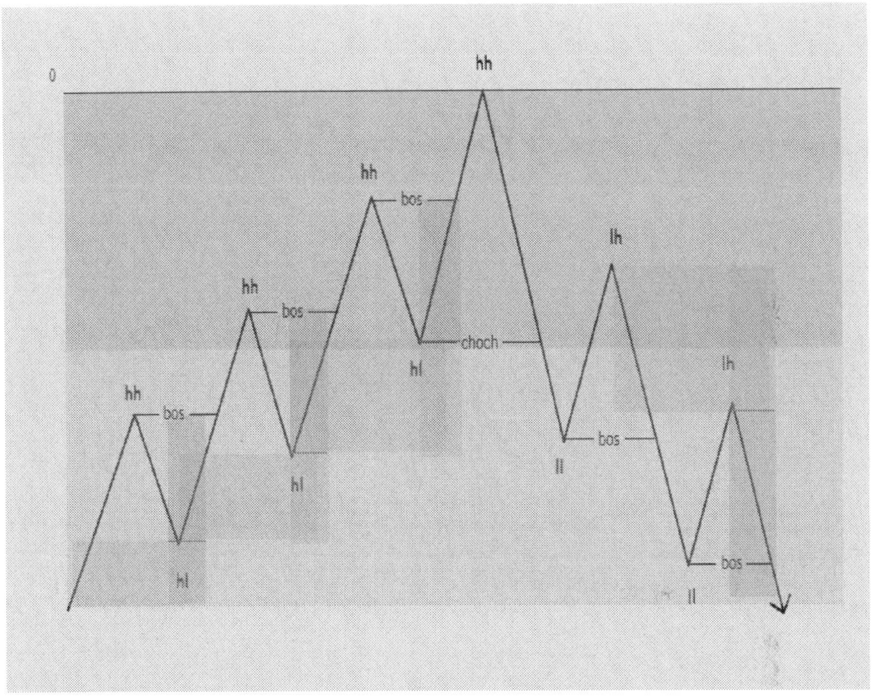

gehen wir mal davon aus dass jeder neue BOS einen Orderblock hervorgebracht hat dann würde eine session so aussehen. bei jedem touch in einen OB (Orderblock) mit bestätigung zumb. 1h BOS oder FVG Break würde ich in eine Long bei bullischen trends und shorts bei bärischen trends einsteigen. Das passiert natürlich nur in einer perfekten Welt ! Bei der Grafik kann man das gut sehen: die dunklen blöcke sind die Orderblocks, die blöcke schwarz blau sind meine long positionen. (unteres ende des dunkleren blocks ist das Stop Loss und das obere ende des Blauen Blocks das Take Profit. das nur mal so zum Verständnis!. gehen wir mal in einen echten chart und in eine gerade offene position von mir heute (10.03.2025)

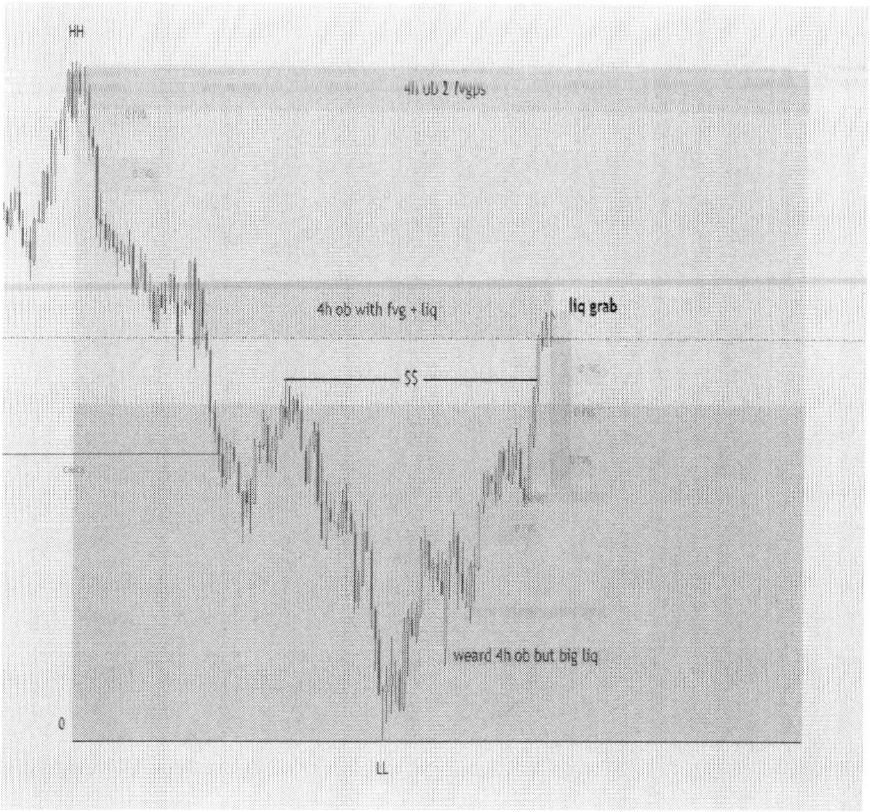

hier bin ich gerade in einen trade eingestiegen (ihr könnt dann mal nachkuken ob der aufging : datum ist 10.03.2025 18:38 auf dem devisenpaar GBP/USD) wie man hier sehen kann ist der trend in einer eher bärischen bewegung mit einer leichten tendenz nach oben. da aber im 4h Chart ein sehr gutaussehender orderblock befindet und sich genug zeichen einer bestätigung ergeben haben gehe ich davon aus dass der preis in voraussehbarer zeit wieder nach unten geht (mindestens bis zum nächsten orderblock .)

gucken wir mal tiefer rein !

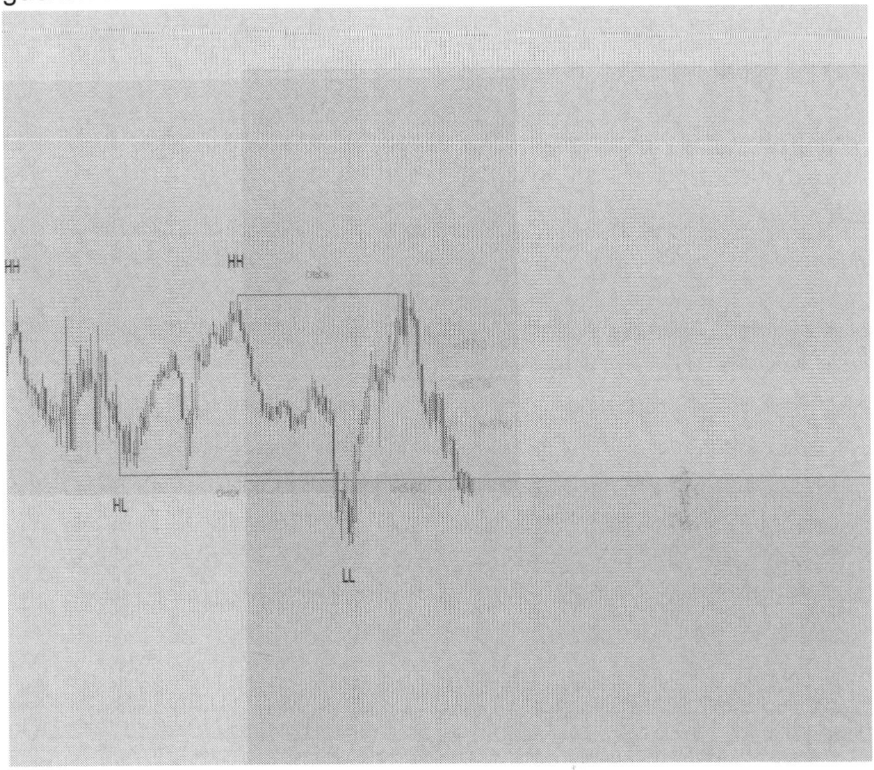

Hier befinden wir uns nun im 15-Minuten-Chart – dem gleichen Währungspaar wie zuvor, nur deutlich tiefer hineingezoomt. Was man hier sehr gut erkennen kann, ist eine gewisse **Unsicherheit zwischen Käufern und Verkäufern**. Der Markt wirkt zögerlich, fast unentschlossen, was die kurzfristige Richtung angeht.

Besonders auffällig ist das **Higher High (HH)**, bei dem klar ersichtlich ist, dass dort Liquidität abgeholt wurde. Direkt im Anschluss folgte ein spürbarer **Push nach unten** – ein klassisches Zeichen dafür, dass Marktteilnehmer in die Falle gelockt wurden, nur um dann ausgestoppt zu werden. Gleichzeitig hat sich ein **Change of Character (CHoCH)** gebildet, der zwar nicht extrem stark war, aber dennoch deutlich genug, um mir zu zeigen, dass **das Interesse auf der Verkäuferseite derzeit überwiegt**.

Wenn der Markt jetzt auch noch **nachhaltig nach unten ausbricht**, wäre das eine weitere Bestätigung für mein Setup – und ja, falls du dieses Buch an dem Tag liest oder im Nachhinein nachschaust: **Vielleicht bin ich genau hier gerade im Profit.**
Also falls du etwas Zeit und Neugier hast – überprüf ruhig, wie sich der Trade am [10.03.2025] um 18:38 Uhr auf dem Währungspaar **GBP/USD** entwickelt hat. Vielleicht siehst du genau das, was ich hier vorhergesehen habe.

Und damit du dieses Wissen nicht nur theoretisch aufsaugst, sondern auch **visuell und praktisch anwenden kannst**, geht es im nächsten Abschnitt weiter mit ein paar **konkreten Beispiel-Charts und Übungen**, in denen ich **echt gelaufene Setups** Schritt für Schritt analysiere und erkläre.

Keine Sorge – du wirst nicht einfach mit Screenshots bombardiert, sondern du bekommst genau erklärt, **was ich gesehen habe, warum ich es getradet habe**, und **wie du es selbst erkennen kannst.**

Beispiel 1 – Live Trade EUR/USD (04.07.2025)

SMT + 4H Orderblock + FVG + Long Entry

Die Details im Chart (Legende zur Grafik)

1. **(1) Weiße Strukturzeichnung:**
   Zeigt die idealisierte Marktstruktur – inklusive CHoCH, BOS und potenziellem Aufwärtstrend nach Reaktion im Orderblock.

2. **(2) Reale Chart-Darstellung:**
   Live-Chart des Devisenpaars **EUR/USD** vom **04.07.2025.**
   Hier läuft die Position **noch offen**, es handelt sich also nicht um ein rückblickendes Beispiel, sondern um eine **echte**

Trade-Situation.

3. **(3) "$$" Symbole:**
   Markieren **Liquiditätspunkte**, also Bereiche, in denen typischerweise Stop-Loss-Orders von Retail-Tradern liegen.
   Diese Zonen wurden gezielt "abgeholt" – typischer Hinweis auf Smart-Money-Aktivität.

4. **(4) Grauer Block unten:**
   Ein **markanter 4H-Orderblock**, in dem der Preis deutlich reagiert hat.
   Es gab **kein Candle-Close darunter**, was zeigt: Der Block wurde **respektiert**.

5. **(5) Grüner Bereich darüber:**
   Eine **Fair Value Gap (FVG)**, ebenfalls perfekt angelaufen, aber nicht klar durchbrochen.
   Zusammen mit dem OB darunter ergibt sich ein starker Long-Bereich.

6. **(6) Grau-blauer Block:**
   Meine aktuelle **Long-Position**, platziert zwischen OB und FVG – mit SL unter dem Orderblock und TP-Ziel oberhalb der letzten Liquiditätszone.

7. **(– – –) Gepunktete Linie:**
   Zeigt den **aktuellen Preisverlauf** – die Position ist noch **live** offen zum Zeitpunkt des Schreibens.

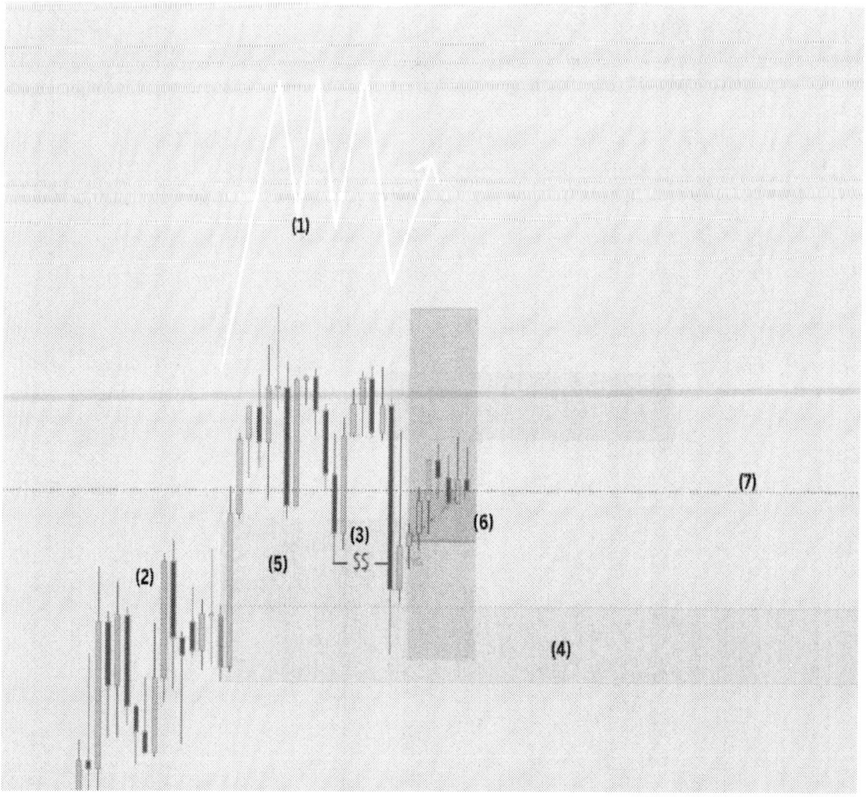

Beispiel 1 – SMT-Divergenz + FVG + 4H-OB

□ Was habe ich hier gesehen?

Zuallererst habe ich auf das **korrelierende Währungspaar EUR/GBP** geachtet – das sich normalerweise sehr ähnlich wie EUR/USD verhält.
Doch in diesem Fall fiel mir auf:
EUR/GBP ist nicht so stark gefallen wie EUR/USD.
Das ist eine klassische **SMT-Divergenz** – ein klares Anzeichen dafür, dass einer der beiden Märkte gerade „geführt“ wird und der andere die wahre Richtung widerspiegelt.

Zufällig – oder besser gesagt: **nicht zufällig** – liegt genau in dieser Zone auch ein **Fair Value Gap (FVG)** und ein **Orderblock (OB)**. Beide wurden **perfekt angelaufen** – ohne dass der Markt das FVG auf 4H-Zeitebene mit einem Candle-Close nach unten durchbrochen hätte. Das ist für mich ein sehr starkes Zeichen, dass die Zone **respektiert und gehalten** wird.

Kontext auf höheren Zeitebenen

Ein Blick in den **1D-Chart** und den **1H-Chart** zeigt:
Beide Zeitrahmen sind **bullisch**, es gab sowohl auf Daily als auch auf 1H **einen Strukturbruch bzw. einen Change of Character (CHoCH)** nach oben.
Das heißt: **Der Markt will tendenziell nach oben.**
Also war für mich klar:
Ich steige direkt nach dem BOS im 1H ein.

Entry & Take Profit

Mein Einstieg erfolgte **sofort nach dem Bruch der Struktur**.
Ich habe zwei Take-Profits gesetzt:

1. **TP 1:** Kurz **vor dem nächsten Short-Orderblock**, um dort Liquidität frühzeitig zu sichern.

2. **TP 2:** Am **Higher High der Gesamtstruktur**, da ich davon ausgehe, dass dieses Level geholt wird.

Sobald **TP 1 getroffen wurde**, ziehe ich meinen Stop Loss auf **Entry-Level**.
Das bedeutet: **Kein Risiko mehr im Trade**, aber volles Potenzial nach oben – genau das will man als Trader erreichen.

Fazit & Übergang

Verstanden?
Falls nicht: Keine Sorge.
Du bekommst jetzt noch zwei weitere Beispiele, um diese Prinzipien zu verinnerlichen.

Denn ja – es kann am Anfang wirklich verwirrend sein.
Du siehst Linien, Zonen, Brüche und Bewegungen – und alles fühlt sich gleichzeitig wichtig an.
Aber glaub mir: **Wäre es einfach, würde es jeder machen.**
Dann hätte auch jeder Geld ohne Ende.
Doch genau deshalb lohnt es sich, dranzubleiben. Denn du bist schon weiter als 90 % aller Trader da draußen – allein weil du hier nicht aufgibst.

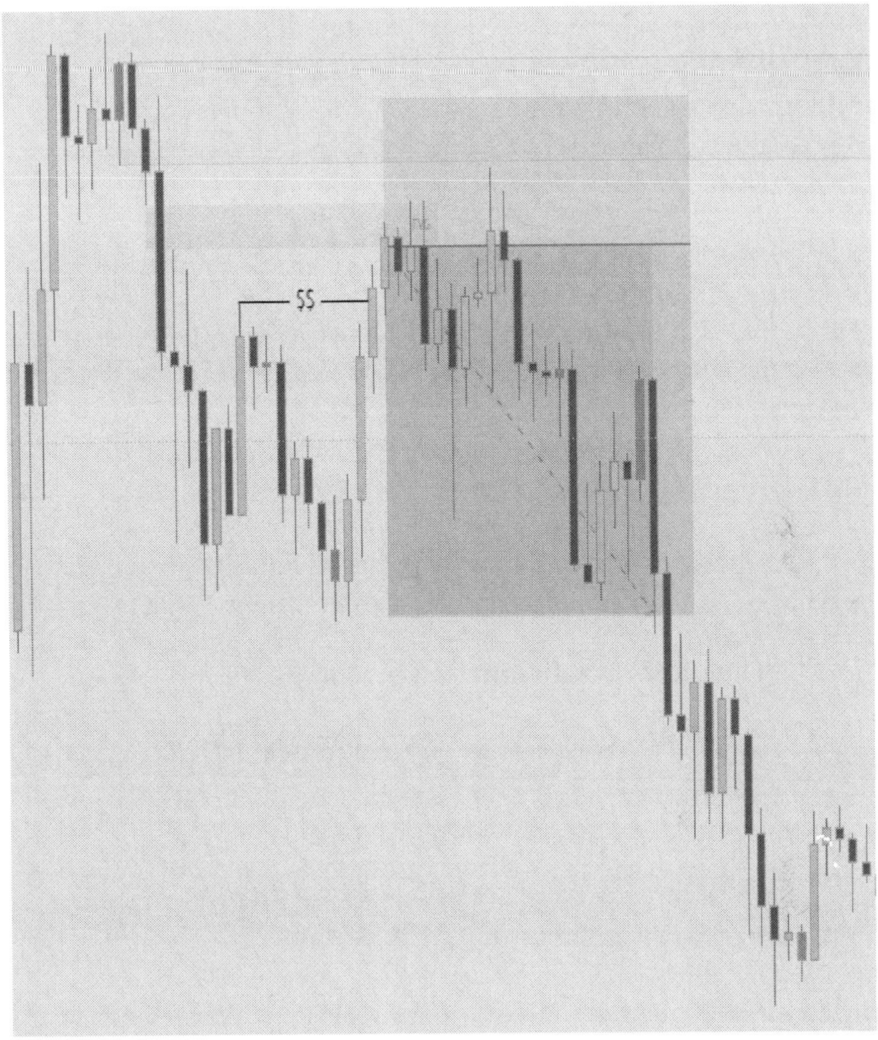

Beispiel 2 – BTC Short Setup mit SMT & FVG

Was habe ich hier gesehen, um den Short einzugehen?

In diesem Beispiel befinde ich mich im **Bitcoin-Chart**. Schon auf den ersten Blick war zu erkennen, dass sich der Markt **strukturtechnisch in eine bärische Richtung bewegt** hat – also **Lower Highs (LH)** und **Lower Lows (LL)** gebildet wurden. Der Abwärtstrend war klar erkennbar.

Was mir dann besonders ins Auge gestochen ist, war ein klassischer **Liquiditätssweep**:
Ein deutlicher **Stop-Loss-Bereich** oberhalb eines früheren Hochs, der mit "$$" markiert war – also ein typisches Ziel für Smart Money, um Liquidität abzuholen.

SMT-Divergenz zwischen BTC & ETH

Zeitgleich habe ich auf das **korrelierende Asset ETH (Ethereum)** geschaut – und genau dort zeigte sich das entscheidende Signal:

- Während **BTC scheinbar stark stieg**,
- zeigte **ETH keine Stärke – im Gegenteil: ETH fiel sogar leicht.**

Diese **SMT-Divergenz** war für mich ein klares Warnsignal:
BTC stieg nicht aus echter Nachfrage, sondern höchstwahrscheinlich,
um Liquidität zu jagen – bevor der eigentliche Abverkauf beginnt.

Solche Divergenzen sind **klassische Smart-Money-Fallen** und liefern eine wertvolle Bestätigung, dass sich eine **potenzielle Umkehr anbahnt.**

Reaktion im Fair Value Gap (FVG)

Direkt nach dem Liquiditätsgrab stieg BTC in einen **deutlich sichtbaren Fair Value Gap (FVG)**.
Diese Zone war noch „offen“ – also vom Markt **nicht**

zurückgetestet worden, was die Wahrscheinlichkeit erhöht, dass eine Reaktion erfolgt.

Und genau das geschah auch:
Der Preis **reagierte sofort auf den FVG-Bereich**, mit einer klaren Rejection und Abwärtsdynamik.

Entry & Take-Profit

Nach der Reaktion habe ich meinen **Short-Einstieg** direkt im Bereich des FVG platziert – mit einem Stop-Loss knapp über der Liquiditätszone (also dort, wo der Markt zuvor die "$$" geholt hatte).

Den **Take-Profit** habe ich **am letzten markanten Lower Low (LL)** gesetzt – denn dort lag erneut Liquidität und die Fortsetzung des bärischen Trends war wahrscheinlich.

In diesem Fall habe ich **nur einen Take-Profit genutzt** – denn das Setup war klar, kompakt und **ein weiterer TP hätte keinen echten Vorteil gebracht.**

Fazit & Lerneffekt

Dieses Setup war ein Musterbeispiel dafür, wie **SMT-Divergenz + Strukturbruch + FVG-Reaktion** zusammen ein starkes Short-Signal ergeben können.

Die wichtigsten Takeaways:

- **SMT-Divergenzen** sind oft Frühindikatoren für Manipulation oder Trap-Moves
- **FVGs** bieten präzise Einstiegspunkte – vor allem nach einem Liquiditätssweep

- Du brauchst **nicht immer mehrere TPs**, wenn das Setup einen klaren Zielbereich hat
- Der beste Trade ist oft **der einfachste mit Struktur, Logik und Timing**

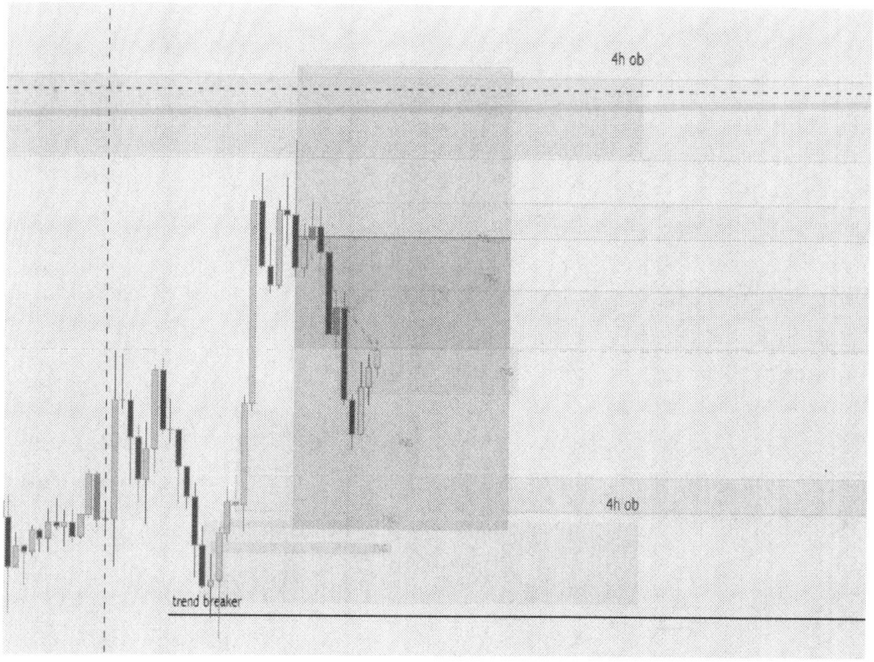

Beispiel 3 – Live Short Setup auf ETH mit SMT & Reaktion im alten OB

Was habe ich hier gesehen, um den Trade einzugehen?

In diesem dritten Beispiel befinden wir uns im **ETH/USD-Chart** – und es handelt sich dabei um einen **Live-Trade**, den ich zum

Zeitpunkt des Schreibens aktiv halte.
Der übergeordnete Kontext war **bullisch** – sowohl im **1D-Chart als auch im 1H-Chart** zeigte sich eine saubere Aufwartsstruktur mit Higher Highs und Higher Lows.

Doch jetzt kommt die Besonderheit:
Wir befinden uns auf dem **4H-Zeitrahmen**, und genau hier gab es einen interessanten Shift.

SMT-Divergenz + Orderblock-Reaktion

Was mir zuerst aufgefallen ist:
Während **ETH deutlich gestiegen ist**, hat sich **BTC fast gar nicht bewegt – es stagnierte**.
Diese **SMT-Divergenz** war ein erstes Warnzeichen für mich.
Denn wenn zwei stark korrelierende Assets plötzlich **nicht mehr synchron laufen**,
ist das oft ein Hinweis auf **Manipulation oder Liquiditätsbewegung**.

Genau in diesem Moment lief der Preis **exakt in einen alten 4H-Orderblock hinein**,
der vor über einer Woche entstanden war.
Dieser OB war bislang **ungetestet** – also besonders relevant.

Die **Reaktion war sofort stark und klar abwärts gerichtet**.
Das war mein zweites Signal.

Bestätigung im 1H: BOS / CHoCH

Als die Reaktion kam, habe ich den 1H-Chart geöffnet – und genau dort ist es passiert:

Ein klarer **Break of Structure (BOS)** bzw. ein **Change of Character (CHoCH)** nach unten.
Das war meine Bestätigung, dass sich die Dynamik im kurzfristigen Bereich gedreht hat – und ich habe daraufhin **meine Short-Position eröffnet**. (jetzt sind wir in 2 timeframes bärisch)

Zielsetzung & Take-Profit

Mein **Take-Profit** liegt **bei einem markanten Orderblock**, der direkt **vor dem großen Push nach oben** entstanden ist.
Warum dort?

Weil es sehr gut möglich ist, dass der Markt sich genau an diesem Punkt erneut entscheidet.
Es ist ein starker **potenzieller Reaktionsbereich** – und deshalb habe ich **bewusst nur einen TP** gesetzt.

Ein zweiter TP wäre in diesem Setup **nicht sinnvoll**, da der nächste klare Strukturpunkt zu weit entfernt liegt und die Wahrscheinlichkeit auf eine Rückkehr in die Long-Struktur recht hoch ist.

Fazit & Lerneffekt

Dieses Setup ist ein Paradebeispiel für:

- Den **Kontext** richtig zu lesen (bullischer HTF, Short nur nach Reaktion)
- Eine saubere **SMT-Divergenz** zu nutzen, um potenzielle Traps zu entlarven
- Mit einem **alten, ungetesteten Orderblock** zu arbeiten

- Den **BOS/CHoCH im 1H** als Entry-Trigger zu nutzen
- **Nicht auf Biegen und Brechen mehrere TPs zu erzwingen**, wenn es strukturell keinen Sinn ergibt

Auch wenn wir in einem bullischen Gesamttrend sind, kann ein kurzfristiger Short-Setup **extrem effektiv** sein – **wenn Struktur, Kontext und Reaktion zusammenpassen. (das ist aber mit vorsicht zu genießen) wer auf der sicheren seite bleiben will hält sich an mindestens 2 gleiche Timeframes!**

Zusammenfassung: Die SMT–Liquidity–Orderblock-Strategie

Um konstant profitable und hochqualitative Trades zu finden, braucht es mehr als nur einen guten Einstiegspunkt – es braucht eine saubere Struktur, ein klares Setup, Kontextverständnis und das richtige Timing. Meine Strategie kombiniert all das: **Institutionelle Orderblocks, SMT-Divergenzen, Marktstrukturbrüche und sauberes Risiko-Management.** Hier ist der Ablauf Schritt für Schritt.

1. Identifikation der Orderblock-Zone (4H-OB) + HTF-Richtung (1D)

Der erste Schritt ist die Analyse der höheren Zeitrahmen – konkret dem **Tageschart (1D)** und dem **4-Stunden-Chart (4H)**. Ziel ist es, die übergeordnete Marktrichtung zu bestimmen und potenzielle Reaktionszonen – also sogenannte **Orderblocks (OBs)** – zu markieren. Dabei gilt:

- Bestimme, ob der Markt insgesamt **bullisch oder bärisch** ist (z. B. anhand von HH/HL oder LH/LL-Struktur)
- Markiere starke 4H-Orderblocks, vor allem in Bereichen, in denen der Markt bereits früher stark reagiert hat
- Achte darauf, dass sich **Liquiditätszonen oberhalb/unterhalb von markanten Hochs oder Tiefs** in der Nähe der Orderblocks befinden
- Prüfe zusätzlich die SMT-Konstellation: Gibt es eine **Divergenz zu einem korrelierenden Markt**, die auf eine anstehende Umkehr hinweist?

Beispiel:
Wenn EUR/USD ein neues Hoch macht, aber GBP/USD nicht nachzieht, und gleichzeitig ein 4H-OB erreicht wird – dann liegt **eine potenzielle Smart Money Trap (SMT)** vor, die in Kombination mit der OB-Zone eine starke Short-Gelegenheit liefern kann.

2. Warten auf den Break of Structure (1H-BOS)

Sobald der Preis in die markierte Orderblock-Zone hineinläuft, wechsele auf den **1-Stunden-Chart (1H)** und beobachte die Struktur. Wichtig:
Der Markt darf nicht einfach nur reagieren – er muss **eine klare Richtungsänderung anzeigen**. Diese erkennst du durch:

- Einen **CHoCH (Change of Character)** oder BOS (Break of Structure) auf 1H
- Idealerweise passiert der BOS **nach einem CHoCH im 4H**, wenn nötig
- Gleichzeitig prüfen, ob die SMT-Divergenz **noch aktiv ist**

Dieser Strukturbruch signalisiert dir: **Der Markt akzeptiert den Orderblock und dreht.** Erst jetzt ist das Setup aktiv – vorher ist alles nur Vorbereitung.

3. Einstieg nach Bestätigung & Retest

Sobald der BOS auf dem 1H-Chart stattgefunden hat, warte auf den **Retest der neuen Struktur** – z. B. ein Pullback in eine Fair Value Gap (FVG), einen kleineren OB oder ein internes FVG auf M15.

- Einstieg erfolgt beim Retest mit enger Stop-Loss-Platzierung
- SL kommt unter das letzte relevante Tief (bei Longs) oder Hoch (bei Shorts)
- Achte darauf, dass der Entry **nicht gegen SMT-Divergenzen läuft**, sondern mit ihnen übereinstimmt

4. Risiko-Management & Take-Profit-Ziele

Sobald du im Trade bist, beginnt das **aktive Management** der Position:

- **TP 1:** auf dem nächsten markanten Hoch oder Tief
- **TP 2:** an einem Key-Level (z. B. Fibonacci Extension, Struktur-OB im Daily)
- **TP 3 (optional):** mitlaufend nach Trend (Trailing Stop via Swing Lows/Highs)
- **Risk-Reward-Ratio:** mindestens 1:3 anstreben
- SL bei Break-Even ziehen, sobald TP1 erreicht wurde

- Dynamisches Nachziehen des SL nach BOS/CHoCH auf tieferem Timeframe möglich (z. B. M15)

Kompakt zusammengefasst:

- **4H-Orderblock** als Hauptbereich der Reaktion
- **1H-BOS** als entscheidender Auslöser für Entry
- **Retest in FVG/OB** nach BOS als präziser Einstieg
- **SMT-Divergenz** zur Bestätigung institutioneller Aktivität
- **Klares Risk-Management** mit RRR von 1:3 oder höher
- **TPs** auf strukturellen Levels oder dynamisch geführt

Diese Strategie ist nicht „schnell, laut und spektakulär" – sie ist ruhig, kalkuliert und professionell. Du wartest auf die Zone, analysierst das Verhalten der großen Player (SMT), bekommst eine saubere strukturelle Bestätigung (BOS), steigst mit Plan ein, und verlässt den Trade mit klaren Zielzonen.

Es ist **keine Glückssache.**
Es ist ein Handwerk.

Und je öfter du diese Schritte wiederholst, desto mehr wirst du verstehen, dass **gutes Trading nicht aus dem Bauch kommt – sondern aus Struktur, Wiederholung und Disziplin.**

Mein persönlicher Tipp zu dieser Strategie:
Sei geduldig.
Setups wie dieses erscheinen nicht täglich – manchmal musst du

Wochen warten, bis sich eine wirklich gute Gelegenheit ergibt. Aber genau das macht den Unterschied: Weniger Risiko, höhere Gewinne. Und das ist besonders wichtig, wenn du mit einem kleinen Account arbeitest – sei es 100 Euro oder weniger.
Was absolut fatal ist: sich von **FOMO** packen zu lassen und den Account aus reiner Ungeduld zu verzocken, **bevor überhaupt ein sauberes Setup entsteht.**
(Und glaub mir: Genau das ist mir persönlich locker schon tausendmal passiert.)

In diesem Sinne machen wir jetzt direkt weiter mit dem nächsten Kapitel:
Psychologie & Mindset – Der wahre Schlüssel zum Erfolg.

Viele denken, dass Psychologie im Trading kaum eine Rolle spielt – oder zumindest nicht besonders wichtig ist.
Aber ich sage dir ganz ehrlich:
Strategie macht vielleicht 10 % deiner Profitabilität aus. Die restlichen 90 % sind dein Mindset.

Wenn du das jetzt überspringst oder nicht ernst nimmst,
wirst du – so hart es klingt – mit **90 % Wahrscheinlichkeit NICHT profitabel.**

Ich kann es nicht oft genug sagen:
Deine mentale Stärke entscheidet darüber, ob du gewinnst oder verlierst – nicht dein Indikator, nicht dein Setup.

Also: Lies weiter.
Versteh die Fehler.
Und lerne, sie zu vermeiden.

Das hier ist der Unterschied zwischen Hobby-Trader und Profi.

Psychologie & Mindset – Der wahre Schlüssel zum Erfolg

Trading-Psychologie: Der Schlüssel zum Erfolg

Trading ist nicht nur eine Frage der Strategie – es ist vor allem ein **mentales Spiel**. Viele Trader verlieren nicht, weil ihre Strategie schlecht ist, sondern weil ihre **Emotionen** sie sabotieren. Angst, Gier, Ungeduld und Überheblichkeit führen oft zu schlechten Entscheidungen. Wer langfristig profitabel sein will, muss ein starkes **Mindset** entwickeln.

Hier sind die **wichtigsten psychologischen Fallen** – und wie du sie vermeidest:

1. FOMO (Fear of Missing Out) – Die Angst, etwas zu verpassen

FOMO ist eine der häufigsten Fallen im Trading. Du siehst, dass der Markt sich schnell in eine Richtung bewegt, und hast Angst, nicht dabei zu sein. Was passiert?

Du springst **zu spät** in den Trade.
Dein **Einstieg ist schlecht**, oft nahe an einer Umkehrzone.
Du ignorierst deine **Strategie** und handelst nur aus Angst.

Lösung:
Erinnere dich daran, dass **jeden Tag neue Chancen kommen**.
Halte dich an deinen **Trading-Plan** – wenn der Markt ohne dich läuft, ist das egal.
Setze dir eine **klare Regel:** "Kein Einstieg ohne Setup!"

2. Overtrading – Zu viel und zu oft handeln

Viele Trader glauben, dass mehr Trades automatisch mehr Gewinne bedeuten. Das Gegenteil ist der Fall: Je mehr du tradest, desto schlechter werden deine Entscheidungen.

Du nimmst **zu viele schlechte Setups**.
Du **vernachlässigst Qualität** und setzt auf Quantität.
Du bist gestresst und machst Fehler.

Lösung:
Setze dir ein **Limit für Trades pro Tag**.
Mache eine **Pause nach jedem Trade**, um nicht impulsiv zu handeln.
Qualität über Quantität – **weniger, aber bessere Trades!**

3. Revenge Trading – Verluste mit Gewalt zurückholen

Du hast gerade einen Verlust gemacht und willst ihn sofort wieder ausgleichen. Was passiert?

Du setzt **größere Positionsgrößen**, um den Verlust schnell zurückzuholen.
Du handelst **emotional** und nicht mehr strategisch.
Du verlierst noch mehr – und der Teufelskreis beginnt.

Lösung:
Akzeptiere, dass **Verluste zum Spiel gehören**.
Nimm dir eine **Pause nach einem großen Verlust**.

Konzentriere dich auf das nächste **saubere Setup**, nicht auf den letzten Verlust.

4. Confirmation Bias – Du siehst nur das, was du sehen willst

Hast du schon mal einen Trade gemacht und dann nur noch nach Bestätigung gesucht?

Du ignorierst **Widersprüche**, die gegen den Trade sprechen.
Du liest nur Analysen, die deine Meinung bestätigen.
Du hältst an einem schlechten Trade fest, weil du ihn "richtig" machen willst.

Lösung:
Sei **objektiv** – betrachte immer beide Seiten.
Stelle dir die Frage: **"Würde ich diesen Trade jetzt noch eröffnen?"**
Sei bereit, **Fehlentscheidungen zu akzeptieren und zu korrigieren**.

5. Verlustangst – Angst, Geld zu verlieren

Viele Trader schließen gute Trades zu früh, weil sie Angst haben, Gewinne wieder zu verlieren. Oder sie setzen den Stop-Loss viel zu eng, weil sie keine Verluste ertragen können.

Du **nimmst Gewinne zu früh mit** und verpasst große Bewegungen.
Du **verschiebst den Stop-Loss** aus Angst, ausgestoppt zu werden.
Du nimmst **keine guten Setups**, weil du Angst vor Verlusten hast.

Lösung:
Akzeptiere, dass Verluste normal sind – selbst die besten Trader haben sie.

Halte dich an deinen Plan, auch wenn du Angst hast.
Setze realistische Stops und Take-Profits – und halte dich daran.

Gute vs. Schlechte Trades – Es geht nicht ums Gewinnen, sondern um Disziplin!

Viele Anfänger denken, dass ein **gewonnener Trade** automatisch ein guter Trade ist und ein **verlorener Trade** ein schlechter. Das ist **falsch**.

Ein Trade nach deiner Strategie ist IMMER ein guter Trade – auch wenn er verliert.
Ein Trade, der nur durch Glück gewinnt, ist KEIN guter Trade – er ist reines Glücksspiel.

Ein profitabler Trader ist nicht jemand, der ständig gewinnt – sondern jemand, der sich **konsequent an seinen Plan hält**.

Beispiel:

- Du hast einen klaren 4H-OB + 1h-BOS Trade gemacht, aber der Markt schlägt dich aus – das war trotzdem ein **guter Trade**!
- Du bist ohne Strategie einfach eingestiegen und hast durch Glück gewonnen – das war **kein guter Trade**.

Lerne aus jedem Trade:
Frage dich nicht nur, ob du gewonnen hast – sondern ob du **richtig gehandelt hast**.
Analysiere **deine Fehler** und optimiere deine Strategie.
Setze auf **langfristige Konsistenz**, nicht auf kurzfristiges Glück.

So entwickelst du ein starkes Trading-Mindset

✓ **Halte dich an deine Strategie** – keine spontanen Bauchgefühl-Trades!

✓ **Akzeptiere Verluste** als Teil des Prozesses.

✓ **Lass dich nicht von Emotionen steuern** – bleibe objektiv

✓ **Qualität über Quantität** – weniger, aber bessere Trades!

✓ **Analysiere deine Fehler**, statt sie zu ignorieren.

✓ **Bleib langfristig diszipliniert** – Gewinne kommen mit der Zeit!

Trading ist ein Marathon, kein Sprint.
Nur wer **Geduld, Disziplin und ein starkes Mindset** hat, wird langfristig erfolgreich!

Set & Forget – Die Kunst des disziplinierten Tradings

Das Set-&-Forget-Prinzip bedeutet, dass du einen Trade einmal planst, platzierst und ihn dann in Ruhe lässt, ohne ständig in den Markt einzugreifen. Diese Methode hilft, emotionale Fehlentscheidungen zu vermeiden und sorgt für eine disziplinierte Umsetzung der Strategie.

Wie funktioniert Set & Forget?

1. Klare Planung des Trades

Ein erfolgreicher Trade beginnt mit einer klaren Vorbereitung. Du definierst im Voraus deinen Einstiegspunkt, den Stop-Loss und das Kursziel. Dabei hältst du dich strikt an deine Strategie, ohne spontane Änderungen vorzunehmen.

2. Trade ausführen und nicht eingreifen

Sobald der Trade gesetzt ist, bleibt er unangetastet. Es gibt kein manuelles Nachjustieren des Stop-Loss, kein vorzeitiges Schließen und kein Überwachen des Charts im Minutentakt. Der Markt entscheidet, ob der Trade aufgeht oder nicht.

3. Ergebnis akzeptieren – unabhängig vom Ausgang

Gewinne oder Verluste werden als Teil des Prozesses akzeptiert. Solange der Trade nach der Strategie ausgeführt wurde, war es ein guter Trade – unabhängig vom Ergebnis.

Warum ist Set & Forget so effektiv?

Reduziert emotionale Fehler
Wer ständig in einen laufenden Trade eingreift, handelt oft aus Angst oder Gier. Dies führt dazu, dass Gewinne zu früh mitgenommen oder Stop-Loss-Marken unlogisch verschoben werden.

Fördert diszipliniertes Trading
Set & Forget zwingt dich dazu, nur durchdachte Setups zu handeln und nicht impulsiv in den Markt einzusteigen. Es verhindert Overtrading und verbessert langfristig die Performance.

Weniger Stress und mehr Freiheit
Da kein ständiges Chartüberwachen nötig ist, bleibt mehr Zeit für andere Dinge. Besonders für Swing-Trader oder Berufstätige ist diese Methode ideal.

Zusammenfassung

1. Klare Planung mit festen Einstiegs-, Stopp- und Zielmarken
2. Trade setzen und laufen lassen, ohne manuelles Eingreifen

3. Ergebnis akzeptieren und sich nicht von Emotionen leiten lassen

Wer konsequent nach dem Set-&-Forget-Prinzip handelt, steigert seine Disziplin, reduziert emotionale Fehler und verbessert langfristig seine Trading-Ergebnisse.

Trading ist kein Lifestyle – es ist ein Job

In der heutigen Zeit wird Trading oft als das ultimative Symbol für finanzielle Freiheit dargestellt. Social Media ist voll von Bildern von Laptops am Strand, teuren Autos und Uhren, die angeblich durch „Trading“ finanziert wurden. Viele Anfänger denken deshalb, dass Trading etwas Mystisches oder Elitäres ist – als würde man einen geheimen Code des Finanzmarktes knacken und damit besser sein als der Rest der Welt.

Aber die Wahrheit ist eine ganz andere: **Trading ist ein Job. Punkt.**

- Es geht nicht um Statussymbole oder um das Gefühl, schlauer als andere zu sein.
- Es ist keine Kunst, sondern ein Prozess mit Wahrscheinlichkeiten.
- Es ist kein Actionfilm – du analysierst einfach Muster, drückst Knöpfe und verwaltest dein Risiko.

Viele Anfänger verlieben sich jedoch in die Vorstellung, dass Trading etwas „Besonderes“ ist – und genau das bringt sie auf den falschen Weg.

Der gefährliche Hype um Trading

Trading wird übersexualisiert. Das bedeutet, es wird in den Medien und auf Social Media als etwas extrem Aufregendes und Luxuriöses dargestellt. Diese falsche Darstellung führt zu zahlreichen Denkfehlern, die Anfänger teuer bezahlen:

1. Das Gefühl, „besser als andere“ zu sein

Ein sehr häufiger Denkfehler ist, dass sich Trader schon überlegen fühlen, nur weil sie auf den Chart schauen. Sie glauben, durch ihre „Trading-Skills“ ein Geheimwissen zu besitzen, das sie anderen gegenüber im Vorteil macht.

Folgen dieses Denkfehlers:

- **Selbstüberschätzung:** Man hält sich für unbesiegbar und setzt unnötig hohe Positionen.
- **Keine Lernbereitschaft:** Man ignoriert andere Meinungen und glaubt, alles besser zu wissen.
- **Mangelnde Risikokontrolle:** Weil man sich für überlegen hält, wird der Stopp-Loss ignoriert oder viel zu enge Setups genutzt.

💡 **Lösung:** Trading hat nichts mit Intelligenz oder Überlegenheit zu tun. Erfolg kommt durch Disziplin, nicht durch Überheblichkeit.

2. Die emotionale Bindung an den „Trading-Lifestyle“

Viele fühlen sich schon gut, wenn sie einfach den TradingView-Chart öffnen. Sie sehen die bunten Linien und Kerzen und haben das Gefühl, dass sie ein Teil von etwas Großem sind. Ihr Ego verbindet sich mit der Aktivität des Tradens – nicht mit den Ergebnissen.

Folgen dieses Denkfehlers:

- **Overtrading:** Man will „fühlen, dass man dabei ist“, also tradet man viel zu oft, auch ohne Setups.

- **Überanalysieren:** Man starrt stundenlang auf den Chart und versucht zwanghaft, ein Signal zu finden.
- **Verlustangst:** Man schließt profitable Trades zu früh, weil man Angst hat, „zu verlieren".

💡 **Lösung:** Ein Trade ist nur dann ein guter Trade, wenn er nach deiner Strategie ausgeführt wurde – egal ob Gewinn oder Verlust.

3. Trading als Nervenkitzel

Ein weiteres großes Problem ist, dass viele Leute den Nervenkitzel des Tradings lieben. Sie fühlen sich wie ein Elite-Zocker oder Wall-Street-Profi, wenn sie einen Trade platzieren. Doch genau das ist der falsche Ansatz.

Folgen dieses Denkfehlers:

- **Gambling-Mentalität:** Man setzt Trades einfach „aus dem Bauch heraus".
- **Keine klaren Regeln:** Man springt von einer Strategie zur nächsten und testet alles gleichzeitig.
- **Hoher Stress:** Man wird süchtig nach der Spannung, was zu impulsiven Entscheidungen führt.

💡 **Lösung:** Trading sollte langweilig sein. Wenn du Adrenalin suchst, geh ins Casino – dort hast du wenigstens Spaß dabei.

Trading ist keine Kunst – es ist Wahrscheinlichkeits Management

Viele Trader haben das Gefühl, dass sie etwas „Schöpferisches" tun. Sie analysieren die Charts, erkennen Muster und glauben, dass sie ein System „entschlüsseln". Aber in Wahrheit ist Trading nichts weiter als Wahrscheinlichkeitsmanagement.

- Ein guter Trade ist nicht ein Trade, der im Gewinn endet, sondern ein Trade, der nach Plan ausgeführt wurde.
- Ein schlechter Trade ist nicht ein Trade, der im Verlust endet, sondern ein Trade, der ohne Regeln platziert wurde.

Wenn du das verstanden hast, dann weißt du: **Es geht nicht darum, Recht zu haben – es geht darum, ein System mit positiven Erwartungen diszipliniert zu traden.**

Fazit – Trading ist ein Job, kein Statussymbol

1. **Trading ist keine Kunst oder Elite-Disziplin – es ist Wahrscheinlichkeitsmanagement.**
2. **Du bist nicht klüger oder besser als andere, nur weil du tradest.**
3. **Je weniger Emotionen und Ego du ins Trading steckst, desto erfolgreicher wirst du.**
4. **Overtrading, Selbstüberschätzung und der Drang nach Nervenkitzel sind die größten Killer deines Kapitals.**
5. **Trading ist langweilig – und genau das macht es profitabel.**

Wenn du Trading erfolgreich betreiben willst, dann musst du den emotionalen Hype aus deinem Kopf streichen. Sieh es als das, was es ist: ein rationales Handwerk, das mit Disziplin und Kontrolle gemeistert wird.

Wie man emotionslos tradet

Eines der größten Probleme, das Trader davon abhält, profitabel zu werden, ist ihr eigener Kopf. Emotionen wie Angst, Gier, Hoffnung oder Frustration beeinflussen ihre Entscheidungen – und das führt fast immer zu schlechten Ergebnissen.

Aber wie schafft man es, diese Emotionen zu eliminieren? **Indem man Trading nicht als Kampf, sondern als Wahrscheinlichkeitsmanagement sieht.**

1. Akzeptiere, dass Verluste unvermeidlich sind

Egal wie gut deine Strategie ist – du wirst Verluste haben. Ein systematischer Trader weiß, dass Verluste einfach ein Teil des Spiels sind. Sie bedeuten nicht, dass du etwas falsch gemacht hast, sondern dass der Markt gerade nicht deine Richtung gewählt hat.

💡 **Mentaler Trick:**
Stell dir vor, du bist ein Casino-Besitzer. Ein Casino gewinnt nicht jede Wette, aber durch die Wahrscheinlichkeit des Hausvorteils verdient es langfristig immer Geld. Du bist das Casino. Dein System ist dein Hausvorteil. Einzelne Verluste spielen keine Rolle, weil du auf lange Sicht gewinnen wirst.

2. Löse dich von einzelnen Trades – sie sind nur Zahlen

Viele Trader verbinden sich emotional mit ihren Trades. Sie freuen sich bei Gewinnen und sind frustriert bei Verlusten. Das ist ein Fehler.

- **Gute Trader bewerten nicht das Ergebnis eines einzelnen Trades, sondern das Ergebnis von 100 Trades.**
- **Jeder einzelne Trade ist nur eine Zahl in einer Reihe von Wahrscheinlichkeiten.**

💡 **Mentaler Trick:**
Stell dir vor, du würdest 100 Münzwürfe machen. Selbst wenn einige davon Kopf oder Zahl ergeben, spielt das für das Gesamtbild keine Rolle. Deine Trades sind nichts anderes als eine statistische Abfolge von Wahrscheinlichkeiten.

3. Arbeite mit festen Regeln und Plänen

Emotionen kommen ins Spiel, wenn du keine klaren Regeln hast. Der beste Weg, um emotionslos zu traden, ist es, dir im Voraus Regeln zu setzen und sie konsequent einzuhalten.

Dein Trading-Plan sollte genau festlegen:
Wann du einen Trade eingehst
Wo dein Stop-Loss liegt
Wo dein Take-Profit liegt
Wie du dein Risiko managst

Wenn du Regeln hast, gibt es keinen Platz für Emotionen.

❗ **Mentaler Trick:**
Sieh Trading wie einen Flugzeugpiloten. Ein Pilot startet ein Flugzeug nicht nach Gefühl – er hat ein exaktes Protokoll, das er befolgt. Genauso solltest du traden: Nach einem Protokoll, nicht nach Emotionen.

Die Kunst der unprofitablen, aber guten Trades

Die meisten Trader glauben, dass ein Trade nur dann gut ist, wenn er im Gewinn endet. Das ist aber ein Denkfehler.

Ein **guter Trade** ist jeder Trade, der nach deiner Strategie ausgeführt wurde – egal ob Gewinn oder Verlust.

Ein **schlechter Trade** ist jeder Trade, der NICHT nach deiner Strategie ausgeführt wurde – egal ob Gewinn oder Verlust.

Warum ein verlorener Trade trotzdem ein guter Trade sein kann

Angenommen, deine Strategie gibt dir eine 60%-Gewinnwahrscheinlichkeit. Das bedeutet, dass 40% deiner Trades verlieren werden. Wenn du einen dieser 40%-Verlust-Trades gemacht hast – hast du dann einen Fehler gemacht? **Nein!**

- **Du hast die Strategie befolgt.**
- **Du hast ein Wahrscheinlichkeits-Geschäft durchgeführt.**
- **Du hast das getan, was langfristig profitabel ist.**

💡 **Mentaler Trick:**
Jeder verlorene Trade ist nur eine „Kostenposition" deines Business. Ein Restaurant hat auch Kosten für Miete, Personal und Strom – trotzdem macht es Gewinn. Deine Verluste sind der Preis, um langfristig Gewinne zu erzielen.

Die Illusion der „guten" Gewinne

Viele Trader fühlen sich euphorisch, wenn sie einen Gewinn gemacht haben. Aber war es wirklich ein „guter" Trade?

Ein profitabler, aber schlecht ausgeführter Handel ist eine Zeitbombe.

Ein Beispiel:

- Du hast keine klare Strategie, sondern gehst einfach „nach Gefühl" long.
- Der Markt steigt zufällig und du machst Profit.
- Du fühlst dich wie ein Trading-Genie.

Aber was passiert beim nächsten Mal? Du wiederholst den Fehler. Doch diesmal fällt der Markt – und du verlierst Geld.

💡 **Lektion:**
Ein zufälliger Gewinn bestätigt keine Strategie. Es war nur Glück. Wer Glück mit Können verwechselt, wird auf lange Sicht Geld verlieren.

Zusammengefasst sei dir einfach bewusst, dass nicht alle Trades aufgehen und das nicht schlimm ist. ein schlechter tag ist nicht gleich ne schlechte woche und eine schlechte woche ist auch nicht gleich ein schlechtes monat usw. führe die strategie genau nach plan aus, SET AND FORGET und du wirst mit einer sehr hohen warscheinlichkeit a shit ton of money machen !! Ich halte dieses Kapitel etwas kürzer, weil es 1000e Videos auf Youtube gibt, die das besser erklären, als ich es jemals könnte (Mark Douglas - Mind OVER MARKET) zumb.

In diesem Sinne gehen wir auch gleich zum nächsten Thema, nämlich dem **Kapitalmanagement** nach Psychologie das Wichtigste im Trading. Man kann auch mit einer Gewinnchance von 40% profitabel sein, wenn man ein gutes Kapital und Risikomanagement hat, also bleib dran, dieses Kapitel wird viele Trader profitabel machen!

Wenn du das Kapitel bis hierher gelesen hast, dann weißt du:
Es sind nicht die Märkte, die dich ruinieren – es bist du selbst.

Es sind:

- deine Erwartungen,
- deine Emotionen,
- deine Ungeduld,
- deine Hoffnung,
- deine Angst,
- deine Arroganz.

Der Markt ist nur das Spielfeld. Aber **du** bist der Spieler.
Und wie du spielst, hängt weniger von deiner Strategie ab – sondern davon, **ob du dir selbst im Weg stehst** oder nicht.

Die harten Wahrheiten, die viele Trader nie hören wollen:

- Ein **verlierender Trade** nach Regelwerk ist **kein Fehler** – sondern ein korrekt ausgeführter Job.
- Ein **gewinnbringender Trade**, der auf Glück basiert, ist **kein Erfolg**, sondern ein Zufallstreffer.
- Du bist nicht gut, **nur weil du ein paar Kerzenmuster kennst**.
- Und du bist kein Profi, **nur weil du weißt, was ein Orderblock ist.**

Was dich zu einem echten Trader macht, ist,
dass du **jede Position mit der gleichen inneren Ruhe ausführst** –
egal ob sie ein Gewinner oder Verlierer wird.

Trading ist kein Actionfilm – es ist ein Job

Viele stellen sich Trading vor wie in einem Hollywood-Streifen.
Große Bildschirme, schnelle Klicks, Adrenalin und „ich hab den Markt geschlagen“.

Aber das ist Bullshit.

Trading ist:

- Linien ziehen.
- Warten.
- Entscheiden.
- Verlieren.
- Gewinnen.
- Wieder warten.
- Und nochmal verlieren.

Es ist keine Religion. Kein Ego-Spiel. Kein Lifestyle-Status.
Es ist **ein Handwerk. Ein Beruf. Und oft auch einfach langweilig.**
Und das ist gut so. Denn **wer nach Dopamin sucht, verliert.**
Wer nach Stabilität sucht, gewinnt.

Zitat zum Schluss – von Mark Douglas, Autor von *Trading in the Zone*:

> "You don't need to know what's going to happen next in order to make money. The best traders think in probabilities."

Und das bedeutet:
Du darfst verlieren. Du **wirst** verlieren.
Aber du musst mental so stark werden, dass du weitermachst.
Mit klarem Kopf. Ohne Drama. Ohne Selbsthass.

Kapitel 6 – Kapitalmanagement: Vom Überleben zum Wachstum

Wie man aus $100 mehr macht als die meisten aus $10.000

Einleitung

Lass uns mal ehrlich sein:
Wenn du mit $100 startest, ist dein größtes Problem **nicht der perfekte Entry** oder ob du den nächsten CHoCH korrekt erkennst.
Dein größtes Problem ist, dass **du broke gehst**, bevor du überhaupt verstehst, was du da machst.

Kapitalmanagement klingt langweilig.
Keiner postet auf Insta: "Heute hab ich 2 % Risiko pro Trade eingehalten."
Aber weißt du was?
Genau das unterscheidet einen echten Trader von einem Zocker.

Denn die Wahrheit ist:

- Du kannst mit einem 90 % Trefferquote-Setup alles verlieren, wenn du dein Risiko nicht kontrollierst.
- Und du kannst mit 40 % Trefferquote 6-stellig verdienen, **wenn du dein Kapital verstehst.**

Dieses Kapitel ist keine Theorie.
Es ist ein Blueprint.

Ein Plan, wie du aus $100 rauskommst, **ohne die Nerven, das Konto oder dein Selbstwertgefühl zu verlieren.**

Wir reden hier nicht von "How to stay safe". Wir reden von **"Wie du überlebst, um zu wachsen."**
Denn ohne Kapital – keine Trades.
Ohne Kapitalmanagement – kein Fortschritt.

Egal ob du gerade am Anfang stehst, seit Monaten auf der Stelle trittst oder schon fünfstellige Beträge bewegst:
Dein Kapital ist dein Werkzeug.
Behandle es wie ein Profi – oder das Spiel ist schneller vorbei, als du „Break-Even" sagen kannst.

Viele Trader setzen den Fokus ausschließlich auf **Strategien, Entry-Techniken und Indikatoren**.
Doch all das bringt dir **gar nichts**, wenn du dein Kapital nicht unter Kontrolle hast.
Du kannst den besten Einstieg der Welt haben – wenn du zu viel oder zu wenig riskierst, wirst du entweder broke gehen oder nie vom Fleck kommen.

Kapitalmanagement ist nicht das *sexy Thema*, das auf Instagram gefeiert wird.
Aber es ist **der Unterschied zwischen „Ich trade" und „Ich verdiene mein Geld mit Trading."**

Die harte Wahrheit:

Trading ist nicht wie Bodybuilding, wo du mit Konstanz und Disziplin immer stärker wirst.
Hier kannst du alles „richtig" machen – und trotzdem verlieren.
Und du kannst alles „falsch" machen – und trotzdem gewinnen.
Deshalb brauchst du eine Strategie, wie du dein Kapital überlebt UND skalierst.

Warum du mit $100 anders denken musst als mit $10.000

Die meisten Anfänger begehen hier einen Denkfehler:
Sie lesen Bücher oder schauen Videos über **1 % Risiko pro Trade** und glauben, das sei universell gültig.
Aber mit $100 Kapital und 1 % Risiko – also einem einzigen Dollar – wirst du **niemals** aus dem Low-Margin-Ghetto herauskommen.

Deshalb brauchst du eine Strategie, die sich **mit deinem Kapitalstand verändert**.
Denn: **Das Ziel mit $100 ist nicht "sicher traden", sondern überhaupt mal aus dem Hamsterrad auszubrechen.**

aber bitte auch nicht falsch verstehen um aus dem 100$ bereich raus zu kommen braucht man auch ein bisschen glück und das erste setup sollte high quality sein! (ich selber brauchte 4 anläufe um aus dem 100$ bereich raus zu kommen)

Phase 1 – $100 bis $500: Die aggressive Aufbauphase

Hier geht es ums **Überleben UND Explodieren**.
Mit 1□% Risiko kommst du nicht weit – also musst du bewusst aggressiver rangehen.
Das heißt: **20 – 50 % Risiko pro Trade**, aber nur bei sehr starken Setups.

Wie das konkret aussieht:

Du analysierst mehrere Märkte, wartest auf starke Liquidität,

bestätigte BOS/CHoCH auf höheren TFs und gehst dann mit 30–

50□% deines Kapitals rein – aber nur, wenn du ein Setup siehst, das du schon x-mal gesehen und dokumentiert hast.

→ Kein Spielplatz für "vielleicht läuft der ja"-Setups.

Beispiel:

Du hast $100.

Du findest ein Trade-Setup mit 3R Potenzial und bist bereit, 30 % zu riskieren.

→ Risiko: $30

→ Gewinnpotenzial: $90

Wenn du den triffst, hast du $190 – **fast verdoppelt mit einem einzigen Trade.**

Natürlich ist das riskant – aber wenn du die Wahl hast zwischen 30 Wochen Seitwärtslaufen oder **2–3 gezielte Treffer**, dann ist die Antwort klar.

Phase 2 – $500 bis $2.000: Aufbau & Kontrolle

Jetzt beginnt der Übergang zur **Kontrollphase**.
Du bist aus dem $100-Sumpf raus und beginnst, wie ein Trader zu denken, der **bleiben will**.
Du senkst das Risiko pro Trade auf **10 – 20 %**, je nach Setupsicherheit und Equity-Kurve.

Hier geht es darum, dein Kapital zu **stabilisieren**, während du **weiter skalierst**.

Du beginnst:

- deinen Journal ernst zu nehmen

- Setups zu vergleichen
- schlechte Trades zu eliminieren
- zu verstehen, was wirklich deine Stärken sind

Ab hier heißt es: „Nicht mehr überleben – **sondern wachsen**."

Phase 3 – $2.000 bis $10.000: Der Aufstieg zur Routine

Jetzt bist du nicht mehr in der Anfangsphase.
Jetzt hast du Kapital, mit dem du bei 5–10 % Risiko pro Trade **richtige Profite machst**,
ohne dass du bei 2 Verlusten wieder bei $200 landest.

In dieser Phase fängt Kapitalmanagement an, richtig Spaß zu machen.

Denn du merkst:

> „Ich kann mein Konto bewegen – aber ich muss es nicht mehr riskieren."

Du beginnst:

- Teilgewinne zu sichern
- Profite strategisch zu reinvestieren
- schlechte Setups komplett zu ignorieren

- mit weniger Trades **mehr zu verdienen**

Hier entscheidet sich, ob du ein Glückstreffer warst – oder **ein echter Trader wirst**.

Phase 4 – $10.000 bis $100.000: Der Profi-Modus

In dieser Phase wird aus deinem Trading ein **Business**.
Du bist raus aus dem „Ich versuch's mal"-Modus und voll drin im **strukturierten Wachstum**.

Jetzt gelten ganz andere Regeln:

- **1–3 % Risiko pro Trade**, weil du mit $300 Risiko genauso viel verdienen kannst wie andere mit einem Monatsjob
- Du planst **Auszahlungen**, baust dir Rücklagen auf, investierst vielleicht sogar außerhalb des Tradings
- Dein Fokus liegt jetzt auf **Konstanz, Nachhaltigkeit und Kapitalerhalt**
- **Pausen und Nicht-Traden** werden fast wichtiger als die Entry-Technik

Denn: Mit $10.000 und der richtigen Strategie brauchst du **keine Wunder mehr. Du brauchst Disziplin.**

Dein Kapital entscheidet über dein Verhalten

Viele denken, mit wenig Geld kann man „mehr riskieren“, weil man eh nichts zu verlieren hat.
Falsch gedacht. Wenn du heute lernst, mit $100 umzugehen, lernst du **Struktur**.
Wenn du aber mit $100 jeden Trade All-In gehst, wirst du es auch mit $10.000 tun – und dann wird's **richtig teuer.**

Tipps:

- Behandle auch kleine Konten wie große. Nicht vom Betrag her, sondern vom **Mindset.**
- Denk in Prozent, nicht in Dollar.
  Wenn du 50 % riskierst, ist das nicht „nur $50“, das ist **deine gesamte Karriere im Trading.**
- Mach dir bewusst:
  Jeder Dollar, den du **nicht** verlierst, ist ein Dollar, der dir morgen hilft, weiterzumachen.

2. Anpassung statt starres System – wie sich Risiko verändert

Mit $100 sind 50 % Risiko vielleicht "vertretbar", weil du sonst 6 Monate brauchst, um überhaupt auf $300 zu kommen.
Aber wenn du bei $5.000 immer noch 50 % riskierst, wirst du bald wieder bei $100 landen.

Meine persönliche Philosophie:

- $100 – $500: Risiko pro Trade darf 20 % – 50 % sein.
  Fokus: **Wachstum und Erfahrung sammeln.**

- $500 – $2.000: Risiko runter auf 10 % – 15 %.
  Fokus: Kapital schützen, Gewohnheiten festigen.

- $2.000 – $10.000: Risiko auf 5 % oder darunter.
  Fokus: **Skalierung und Kontinuität.**

- Ab $10.000: **2 % oder weniger.**
  Fokus: Kapital konservieren, **Traden wie ein Investor.**

Bonus-Tipp:

Skalierung ist wie Gangschaltung beim Auto.
Du fährst nicht im fünften Gang los, aber du bleibst auch nicht ewig im ersten.
Timing & Anpassung sind alles.

3. Vermeide die 3 größten Kapitalmanagement-Fails

1. Du „verdienst“ mehr, aber ziehst nichts raus.

Viele lassen ihr Kapital „wachsen“, aber reinvestieren alles. Dann kommt ein Drawdown – 3 schlechte Trades – und BOOM: 30 % Verlust.
Tipp: Sobald du über $1.000 bist, fang an, regelmäßig **10 % der Gewinne rauszuziehen.**
Das gibt dir nicht nur Motivation, sondern sorgt dafür, dass du **im echten Leben auch was vom Trading hast.**

2. Du änderst dein Risiko nach Gefühl.

Ein guter Trade, und du riskierst plötzlich doppelt. Ein schlechter Trade, und du hältst den nächsten mit Minilot auf H4 offen, weil du Angst hast.
Das ist kein Kapitalmanagement – das ist Mood-Trading.

Tipp: Schreib dein Risiko als **Regel** auf – z. B. "Ich riskiere 3 % pro Setup" – und **halte dich dran. Egal was passiert.**

3. Du machst aus Verlusten ein Ego-Ding.

Statt einen Trade sauber zu beenden, lässt du ihn offen, verdoppelst oder „skalierst rein“, obwohl deine Idee längst invalid ist.
Warum?
Weil du dein Kapital retten willst. Und genau das führt dazu, dass du’s **komplett zerstörst.**
Tipp: **Ein verlorener Trade ist kein verlorener Krieg.**
Wenn du weißt, dass dein Risiko begrenzt ist, musst du dich auch nicht emotional rechtfertigen.
Das ist Kapitalmanagement auf mentaler Ebene.

Zusammengefasst:

Phase	Kapital	Risiko pro Trade
Aggressive Phase	$100 – $500	20 – 50 %
Aufbau Phase	$500 – $2.000	10 – 20 %
Skalierungsphase	$2.000 – $10.000	5 – 10 %
Profi-Modus	$10.000 – $100k	1 – 3 %

Der Schlüssel ist: Dein Risiko passt sich deinem Fortschritt an.

Nicht jeder Trade ist gleich viel wert.
Ein $100 Konto verlangt nach einem anderen Spielstil als ein $10.000 Konto.

Also: Verhalte dich deinem Kontostand entsprechend – aber immer strategisch.
Und erinnere dich daran:

> Kapitalmanagement ist nicht das, was dich reich macht –
>
> aber es entscheidet, ob du **überhaupt die Chance bekommst, reich zu werden.**

Wenn du nur *eine* Sache aus diesem Kapitel mitnehmen willst, dann diese:

> **Deine Strategie bringt dir die Setups.**
> **Dein Mindset hält dich im Spiel.**
> **Aber dein Kapitalmanagement entscheidet, ob du langfristig gewinnst – oder pleite gehst.**

Es ist leicht, sich in der Welt des Tradings in Charts, Strategien und News zu verlieren.
Aber die Wahrheit ist: **Kein einziger Setup-Edge der Welt kann dir helfen, wenn du ihn mit 100 % Einsatz spielst und einen einzigen Fehltrade nicht überlebst.**

Deshalb: **Schütze dein Kapital wie dein Leben.**
Es ist dein Werkzeug, deine Waffe, dein Ticket zu größeren Trades,

mehr Freiheit und echter Skalierung.
Ohne Kapital bist du kein Trader. Du bist Zuschauer.

Warum die meisten scheitern – und wie du es besser machst

Die meisten Trader ...

- gehen *all-in*, weil sie ungeduldig sind.
- lassen Gewinne *ungesichert laufen*, weil sie gierig sind.
- lassen *Verluste eskalieren*, weil sie stur oder hoffnungsvoll sind.
- ignorieren *Skalierungsmöglichkeiten*, weil sie planlos sind.

Was du stattdessen brauchst:

- Eine **klare Risikoformel**: z. B. 1–2 % Risiko ab $5.000 – aber ruhig 20–50 % Risiko bei $100.
- Ein **Plan für Gewinne**: Gewinne teilweise sichern, Stopps nachziehen, Re-Entries sauber planen.
- Eine **Skalierungsstrategie**: Kapitalanstieg = Risikosenkung. Mehr Sicherheit, größere Positionen, bessere Nerven.

Warren Buffett sagt:

> “Don’t lose money. Rule number two: Don’t forget rule number one.”

Und obwohl Buffett nicht als Trader, sondern als Investor bekannt ist – seine Worte gelten hier genauso

Denn **wer verliert, ist raus.**
Und wer raus ist, kann **keine** Strategie mehr umsetzen.
Deshalb: Werde vom „ich zock das jetzt mal"-Typ zum **Kapitalarchitekten**.
Baue dir Stück für Stück dein Trading-Haus, beginnend mit einem soliden Fundament: deinem Money Management.

Die Harte Realität, Mehr als nur Charts und Geld

Auf Instagram sieht Trading oft aus wie ein Lifestyle-Traum: Laptops am Strand, Lambos in der Garage und Gewinne mit fünfstelligen Zahlen. Aber die Wahrheit? Die Wahrheit ist dreckig, schmerzhaft, mental fordernd – und alles andere als ein einfacher Weg zum schnellen Geld.

Trading ist kein cooler Beruf für Rebellen mit Hoodie. Es ist ein **mentales Schlachtfeld**. Wer das nicht versteht, wird verlieren. Immer wieder.
In diesem Kapitel räume ich mit den Mythen auf und zeige dir, wie die Realität hinter den Kulissen wirklich aussieht.
Kein Filter. Keine Show. Nur Wahrheit.

Wie viele Stunden ich wirklich investiert habe

Trading lernst du nicht in einem Kurs.
Trading lernst du nicht in einem Monat.
Trading lernst du, indem du **lehrst, verlierst, verzweifelst, zurückkommst und es wieder tust.**

Ich habe **Tausende Stunden** investiert:

- Chartzeit.
- Journaling.
- Backtesting.
- Theorie, Psychologie, Live-Sessions.

Aber weißt du, was die meisten in der Szene machen?

Ein paar YouTube-Videos schauen.
Sich einen Funded Account holen.
Dann drei Monate später "Trading-Coach" auf TikTok sein.

Nein, Mann. Das ist nicht real.
Real ist, wenn du mit 3 Stunden Schlaf aufstehst, weil du deine Fehler nicht aus dem Kopf bekommst.
Real ist, wenn du ein Jahr lang nur break-even tradest, während andere sagen, sie „leben vom Trading".

Die Lernphase ist kein Sprint – sie ist ein Marathon durch ein Minenfeld.

Meine schlimmsten Drawdowns – und wie ich sie überlebt habe

Hier kommt der Punkt, an dem viele aussteigen.
Nicht, weil sie es nicht schaffen könnten –
sondern weil sie die **Realität nicht ertragen**.

Ich habe nicht einfach mal einen Trade verloren.
Ich habe **ganze Accounts verbrannt**.
Ich habe **geliehenes Geld verloren**, das nicht mir gehörte.
Ich habe **Funded Accounts geblowed**, weil ich Revenge Trades gemacht hab.
Ich habe **einen ganzen Bitcoin-Bullrun** verpasst, weil ich süchtig nach Leverage war.
Ich habe **1000 € in einer Nacht verloren**, weil ich nur auf die Kerzen gestarrt und gedrückt habe – ohne Plan.
Ich habe **2000 € an einem Tag gewonnen** – es jedem gezeigt – und **am nächsten Tag alles wieder verloren**, weil ich dachte, ich bin unbesiegbar.

Ich habe **20.000 € verschossen**. Lehrlingsgehalt. Funded Accounts. Live-Konten.

Warum erzähle ich dir das?

Weil ich heute 20.000 € am Tag mache.
Aber **nicht weil ich Glück hatte.**
Sondern weil ich **jede einzelne dieser Narben verdient habe.**

Du willst wissen, wie ich's überlebt habe?

Ich hab nicht aufgegeben.
Ich hab mich gezwungen, aus meinen Fehlern zu lernen.
Ich hab mir die Frage gestellt:
„Was davon lag an mir?“ – und ich hab ehrlich geantwortet.

Warum Trading kein "Money Hack" ist, sondern mentale Disziplin

Die meisten scheitern nicht an der Strategie.
Sie scheitern an sich selbst.

Sie suchen das heilige Setup.
Sie wollen den perfekten Entry.
Sie denken, „der Markt ist Schuld“.

Aber die Wahrheit?

Sie sind gierig.
Sie sind impulsiv.
Sie können nicht warten.
Sie können nicht verlieren, ohne sich wie ein Versager zu fühlen.

Trading ist **mentale Arbeit unter Stress**.
Es ist **Geduld, wenn dein Ego schreit**.
Es ist **Disziplin, wenn alles in dir „All-In!“ ruft**.
Es ist das **Akzeptieren von Wahrscheinlichkeiten**, statt Kontrolle zu erzwingen.

Wer das nicht begreift, wird wieder und wieder und wieder in dieselbe Wand rennen.

Die Wahrheit über Trading

Trading fühlt sich am Anfang oft wie ein Spiel an.
Lichter. Bewegung. Schnelle Belohnungen.

Aber es ist kein Spiel.

Es ist ein Business.

- Du bist nicht der „coole Trader“.

- Du bist nicht „besonders", weil du Charts liest.
- Du bist nicht besser, weil du „Volumen verstehst".

Trading ist Linien lesen und einen Knopf drücken – nicht mehr.

Was dich besonders macht, ist nicht dein Chart –
es ist dein **Verhalten unter Druck**,
deine **Emotionen in Kontrolle**,
dein **Mindset nach dem fünften Verlust in Folge.**

Hör auf, Trading zu glorifizieren.
Mach es nicht „sexy".
Mach es **effizient. Neutral. Strategisch.**

Denn nur dann wirst du auf Dauer Geld machen –
und nicht bloß Likes auf Instagram.

Die Wahrheit über „Erfolg" im Trading – Ohne Filter

Trading fühlt sich am Anfang oft wie ein Game an.

Du siehst Kerzen aufleuchten.
Ein Markt bewegt sich – hoch, runter, hoch.
Du klickst auf einen Button – und mit etwas Glück bist du plötzlich im Plus.
Ein paar Minuten später – Boom. Ein Gewinn.
Schnell. Einfach. Sexy.

Und genau hier beginnt die größte Lüge dieser Szene.

Weil **es sich am Anfang wie ein Spiel anfühlt**, denken viele, es sei eins.
Weil es so aussieht, als könne man mit „wenig Aufwand viel

erreichen", glauben sie, sie wären die Ausnahme.
Aber das ist ein Trugschluss.

Denn Trading ist kein Spiel.
Es ist **ein verdammtes Business** – eines der brutalsten, das du wählen kannst.

Trading ist kein Talenttest. Es ist ein Reifeprüfung.

Du bist **nicht besonders**, nur weil du Candle Patterns kennst.
Du bist **nicht überlegen**, weil du Volumen-Profile oder FVGs erkennst. Du bist **nicht erfolgreich**, weil du einen Screenshot mit +200 % auf Instagram postest.

Jeder kann eine grüne Trade-Historie zeigen.
Jeder kann sich ein teures Coaching kaufen und die „richtigen" Begriffe in die Kamera sagen.
Aber kaum jemand hat die Eier, **Verluste zu zeigen, Rückschläge zu analysieren und offen zuzugeben, dass sie noch nicht profitabel sind.**

Denn das würde ja das Image zerstören – das Bild vom coolen, unabhängigen Trader, der nie verliert und immer den Markt liest wie ein Buch.

Doch hier ist die Wahrheit:

> **Trading ist Linien lesen und einen Knopf drücken – nicht mehr.**
> Es ist **nicht die Handlung**, die schwer ist – sondern **die Verantwortung**, die sie mit sich bringt.

Was dich im Trading wirklich besonders macht

Nicht deine Technik. Nicht dein Chart. Nicht dein Broker.

Was dich **wirklich abhebt**, ist:

- **Wie du reagierst, wenn der Markt gegen dich läuft.**
- **Wie du dich nach einem Verlust verhältst – bleibst du rational oder wirst du emotional?**
- **Ob du den Mut hast, nicht zu traden, obwohl alles in dir „JETZT!" schreit.**
- **Ob du 2 Wochen lang nichts tust, weil du weißt, dass kein Setup grade passt – statt zwanghaft zu handeln.**

Trading ist ein Charaktertest. Täglich.

Wenn du denkst, Erfolg kommt durch das „eine geheime Setup" –
Dann hast du's nicht verstanden.

Erfolg kommt durch:

- **Disziplin in der Routine**
- **Konsequenz in der Analyse**
- **Selbstbeherrschung in der Ausführung**
- **Demut gegenüber dem Markt**

Das klingt langweilig?
Ja. Ist es auch.

Und genau deshalb machen es so wenige richtig.

Hör auf, Trading zu glorifizieren

Hör auf, so zu tun, als wäre das hier der Weg zur schnellen Freiheit.
Hör auf, jedes Setup wie Kunst zu inszenieren.
Hör auf, jeden kleinen Gewinn wie ein Lotto-Ticket zu feiern.

Trading ist nicht sexy.
Es ist monoton.
Es ist oft einsam.
Und meistens bist du nur damit beschäftigt, **nichts Dummes zu tun.**

Der Fehler vieler?
Sie machen aus dem Markt ein Ego-Spiel.
Sie wollen dem Chart etwas „beweisen".
Sie traden, um zu „gewinnen", statt um **konsequent ihr System umzusetzen**.

Aber Erfolg kommt nicht durch Glanz.
Er kommt durch **Klarheit, Geduld und Konsequenz** – auch wenn keiner zuschaut.
Besonders dann.

Trading ist kein Ort für dein Ego

Der Markt interessiert sich nicht für dein Ziel.
Er weiß nichts von deinem kleinen Account.
Er kümmert sich nicht darum, ob du „endlich mal was reißen willst".

Wenn du mit dem Ego in den Markt gehst, wirst du verlieren.
Früher oder später. Immer.

Die echten Profis, die, die jeden Tag still gewinnen, ohne zu prahlen –

sie sind oft die, die **am wenigsten laut sind**.
Weil sie wissen: Der Markt belohnt **Verhalten**, nicht Show.

Von außen sieht Erfolg gut aus – aber innen?

Jemand sieht deine Equity Curve steigen.
Sie sehen dein funded Account. Deine Gewinne. Deinen Lambo (wenn's denn soweit ist).
Was sie nicht sehen:

- Die Monate voller Zweifel.
- Die Abende, wo du alles hinterfragen wolltest.
- Die Tränen, die du nach einem fetten Drawdown hattest.
- Die Kämpfe mit dir selbst, wenn du *nicht* getradet hast, obwohl alles in dir geschrien hat.

Trading-Erfolg ist kein Glück.
Es ist eine Sammlung von Entscheidungen – still, klein, jeden Tag aufs Neue.

Erfolg kommt, wenn du aufhörst, ihn zu jagen

Du wirst dann erfolgreich,
wenn du **nicht mehr versuchst, cool zu sein**,
sondern **einfach besser**.

Wenn du aufhörst, nach außen zu performen,
und beginnst, **intern zu wachsen.**

Erfolg ist langweilig.
Erfolg ist wiederholen, analysieren, korrigieren, pausieren, neu

starten.
Erfolg ist leise.

Du willst auf Dauer im Markt bestehen?

Dann mach Trading zu dem, was es wirklich ist:

> Kein Glücksspiel.
> Kein Prestige.
> Kein Shortcut.

Sondern ein **handwerklicher Prozess**,
der sich **jeden Tag von neuem** verdient werden muss.

> **"Risk comes from not knowing what you're doing."**
> *– Warren Buffett*

Lerne. Werde klar. Und hör auf, den schnellen Sieg zu suchen.
Denn nur wer bereit ist, langfristig zu denken, hat überhaupt die Chance, dauerhaft zu gewinnen.

Erfolg ist nicht das, was du siehst – sondern was du durchstehst

Wahre Erfolge im Trading passieren **nicht** bei deinen Gewinntagen.
Sie passieren:

- … wenn du **nach 3 Verlusten nicht durchdrehst**, sondern ruhig bleibst.
- … wenn du **einen klaren Plan verfolgst**, obwohl alle um dich herum nervös werden.
- … wenn du **einen guten Trade auslässt**, weil er nicht zu deinem System passt.

- … wenn du deinen Account **bewusst klein hältst**, obwohl du ihn hochhebeln könntest.

Erfolg im Trading ist das, was niemand feiert.
Es ist die Kontrolle über dich selbst – nicht der schnelle Gewinn.

Erfolg ist langweilig. Und genau das macht ihn so schwer.

Viele denken, Trading ist spannend.
Aber die Realität?
Erfolg besteht aus Wiederholung. Routine. Stille.

Tag für Tag dieselben Abläufe:
Scannen. Analysieren. Planen. Warten.
Nicht traden. Noch mal warten. Und wenn's passt – ausführen.
Kein Glanz. Keine Action. Nur Fokus.

Erfolg bedeutet, **deine Emotionen im Griff zu haben**,
auch wenn der Markt deine Geduld testet.

Es bedeutet, **einen Stopp zu akzeptieren**, ohne zu fluchen oder direkt den nächsten Trade zu jagen.
Es bedeutet, **genau dann aufzuhören**, wenn es am meisten kribbelt.

Erfolg heißt: Du willst nicht mehr „jagen" – sondern du wartest, bis der Markt zu dir kommt.

Erfolg ist nicht „Gewinne maximieren" – sondern „Fehler minimieren"

Die meisten glauben, es geht darum, so viele grüne Trades wie möglich zu haben.
Aber das ist Bullshit.

Profitable Trader machen nicht mehr Geld, weil sie ständig „richtig liegen“ –
sondern weil sie es schaffen, ihre Verluste klein zu halten und ihre Fehler zu reduzieren.

Erfolg entsteht durch:

- **Risikomanagement**
- **klare Regeln**
- **mentale Disziplin**
- **konstante Analyse**

Nicht durch Glück oder „einen geilen Entry“.

Wenn du heute eine Strategie hast, die mit einer 40 % Trefferquote profitabel ist,
und du **sie langfristig durchziehst** – dann bist du erfolgreich.

Auch wenn du öfter verlierst, als du gewinnst.

Erfolg bedeutet: Verantwortung zu übernehmen

Viele Trader suchen ständig nach einem neuen Indikator, einer besseren Strategie, einem besseren Mentor.

Doch Erfolg beginnt in dem Moment,
wo du aufhörst, nach außen zu schauen –
und **die volle Verantwortung für alles übernimmst, was du tust.**

Nicht der Markt ist schuld.
Nicht dein Broker.
Nicht „diese eine News“.
Du bist es. Immer.

Wenn du das verstanden hast,
bist du auf dem Weg vom Zocker zum Profi.

Erfolg heißt: Aufgeben war keine Option

Erfolg im Trading ist selten die Geschichte von jemandem, der „sofort durchgestartet ist“.
Es ist fast immer die Geschichte von jemandem, der **jahrelang alles falsch gemacht hat**,
durch die Hölle gegangen ist, und **trotzdem nicht aufgegeben hat**.

Du wirst scheitern.
Du wirst Accounts sprengen.
Du wirst dich selbst hassen.
Du wirst Geld verlieren, das du nicht verlieren wolltest.

Aber wenn du das überlebst – und **jeden Fehler nutzt, um besser zu werden** –
dann wirst du irgendwann die Kurve bekommen.

Und genau dann beginnt echter Erfolg.

Fazit:

> Erfolg im Trading ist nicht „Gewinn“.
> Erfolg im Trading ist **Kontrolle. Klarheit. Konsequenz.**

Wenn du einen einzigen Trade machst, der **perfekt nach deinem Plan läuft**,
und du ihn dann **konsequent schließt**, obwohl du hättest mehr holen können –
das ist Erfolg.

Wenn du einen Trading-Tag mit **0 Trades beendest**, weil es nichts Gutes gab –
das ist Erfolg.

Und wenn du nach Jahren voller Rückschläge **immer noch da bist**,
ruhiger, disziplinierter und fokussierter als je zuvor –
dann bist du erfolgreich.

Vom Absturz zur Kontrolle – Der Wendepunkt

Ich bin nicht hier, weil ich "es drauf hatte".

Ich bin hier, weil ich nicht aufgegeben habe, als es am dunkelsten war.

Ich war dieser Typ:

- Der überhebliche Anfänger, der dachte, er versteht den Markt nach drei YouTube-Videos.
- Der Funded Account-Zerstörer, der in ein paar Nächten zigtausende Dollar „verbrannte" – ohne Plan, ohne Sinn.
- Das Margin-Call-Opfer, das zitternd vor dem Bildschirm saß, während der Broker den Stecker zog.

- Der Nachtzocker, der mit glasigen Augen noch um 3 Uhr früh versuchte, „sein Geld zurückzuholen“ – ohne Stop-Loss, ohne Hirn.
- Der Gierige, der dachte, ein Trade könnte ihn reich machen.
- Der Verlierer, der sich zu schade war, Fehler einzugestehen, und lieber doppelt reinging, statt loszulassen.

Ich war alles – außer ein Trader.

Ich war ein Junge mit einem Traum,
aber ohne Struktur, ohne Kontrolle und ohne Respekt für das Spiel, das ich da spielte.

Ich hab geborgtes Geld verzockt.
Ich hab Funded-Accounts geblowed.

Ich hab meinen ganzen Bitcoin-Bullrun verhauen,
weil ich nicht wusste, wann genug ist.

Ich habe in einer Nacht 1.000 Euro verloren, einfach nur weil ich „es besser wissen wollte“
und wie hypnotisiert auf Charts starrte, während mein Geld verdampfte.

Ich hab 2000 Euro an einem Tag gewonnen – jedem stolz gezeigt – und alles am nächsten Tag verloren, weil mein Ego dachte: *„Ich bin jetzt unbesiegbar.“*

Ich habe jeden Cent von meinem Lehrlingsgehalt geopfert,
nicht für meine Zukunft – sondern für den nächsten Live-Account.

Und am Ende?

War ich leer.
Innerlich und finanziell.
Immer noch broke. Immer noch wütend. Immer noch voller Fragen.

Der Wendepunkt kam nicht mit einem Trade. Er kam mit einem Gedanken.

"Wenn ich das wirklich machen will –
dann muss ich mich ändern. Nicht den Markt."

Denn die Wahrheit war:
Nicht meine Strategie war kaputt. Ich war es.

- Ich war gierig.
- Ich war ungeduldig.
- Ich war impulsiv.
- Ich war überheblich.

Ich wollte den Erfolg – aber nicht den Preis dafür zahlen.

Dann hab ich gezahlt.

Mit Zeit. Mit Schmerz. Mit Geduld.

Ich habe nicht besser getradet – ich habe mich besser geführt.

Ich habe Regeln gemacht – und sie nicht gebrochen.
Ich habe Stopps gesetzt – und sie nicht verschoben.
Ich habe Pausen gemacht – und Trades ausgelassen.
Ich habe mehr gelöscht als hinzugefügt.

Und langsam – ganz langsam – kam die Kontrolle zurück.

Heute läuft's.

Nicht, weil ich jetzt ein Superhirn bin.

Sondern weil ich endlich verstanden habe, dass es hier nicht um Geld geht –
sondern um Charakter. Fokus. Disziplin.

Ich bin nicht mehr der Junge, der 20k verliert und weitermacht, als wär nichts.
Ich bin der Mann, der heute 20k macht –
und dann nichts mehr macht.

Trading ist nichts für Ungeduldige, Egoisten und Träumer.

Es ist ein Beruf. Eine Wissenschaft.
Ein psychologischer Krieg mit dir selbst – jeden einzelnen Tag.

Und das Beste daran?

Jeder kann es schaffen.
Aber nicht jeder wird es schaffen.

Denn der Preis ist hoch:

- Du musst dein Ego töten.
- Du musst deine Gier zähmen.
- Du musst deine Fehler lieben lernen – und daraus wachsen.

"The market is a place where money is transferred from the impatient to the patient."
– Warren Buffett

Diese Worte sind kein Spruch – sie sind Gesetz.
Der Markt bestraft alle, die zu schnell, zu laut, zu viel wollen.

Und er belohnt die,
die ruhig bleiben,
schweigen,
und lange genug durchhalten,
bis der Moment kommt –
und sie bereit sind.

Fazit:

Du willst das alles?
Dann hör auf, dich mit Likes und Screenshots zu motivieren.
Das ist kein Spiel.
Das ist ein Prozess.
Ein Kampf.
Eine Meisterschaft.

Und wenn du bereit bist, alles zu geben –
nicht nur dein Geld, sondern deinen alten Charakter –
dann ist es möglich.

Vielleicht nicht morgen. Vielleicht nicht nächstes Jahr.
Aber irgendwann – wenn du dranbleibst – wirst du da stehen, wo ich jetzt stehe.

Und dann wirst du sagen:
„Verdammt, es war es wert."

Mein 1-Jahres-Plan – So kannst du es nachmachen

Teil 1: Der Anfang – Kein Demo, kein Gelaber. Nur echtes Risiko.

Wenn du dieses Buch liest, willst du vermutlich raus aus der Theorie und endlich echtes Geld verdienen. Trading ist kein Online-Kurs, kein YouTube-Video und schon gar keine Demo-Plattform.
Du kannst 1.000 Trades im Demo machen – es bringt dir **nichts**, wenn du im echten Markt beim kleinsten Verlust die Nerven verlierst.

Ich sag's dir ehrlich:
Ich halte nichts von Demo-Accounts.

Warum?
Weil dir da das Wichtigste fehlt: **der emotionale Druck.**

Auf einem Demokonto kannst du den perfekten Entry machen, deinen Stop Loss dreimal verschieben, mit 50□% Risiko reinballern – und dann den Rechner ausschalten, wenn's schiefgeht.
In der Realität ist das anders. Da **brennt dir das Gesicht**, wenn du in einem Trade 20□€ verlierst und weißt: Das ist dein echter Lohn, deine echte Zeit, dein echtes Geld.

Warum ich mit 100□€ angefangen habe – immer wieder.

Ich habe über die Jahre sicher ein Dutzend 100□€ Accounts gegen die Wand gefahren.
Nicht, weil ich's nicht konnte – sondern weil ich geglaubt habe, ich müsste es sofort können.

Ich war gierig, ungeduldig, hab zu viel riskiert.
Ich wollte aus 100 € in einem Monat 1.000 machen – und genau so schnell wieder zurück.

Aber das war mein größter Lehrmeister.

Denn was ich über Disziplin, Kontrolle und Risiko gelernt habe, das hab ich *nicht* durch YouTube gelernt.
Das kam, weil ich echtes Geld verloren habe. Immer wieder.

Warum 100 € besser sind als Demo

Mit 100 € tradest du mit echtem Risiko – aber ohne dass dein Leben davon abhängt.
Du kannst Fehler machen. Du kannst Emotionen spüren.
Du kannst lernen, wie es sich anfühlt, **im Minus zu sein – und trotzdem nichts zu tun.**

Klar, 20 % Risiko auf 100 € = 20 € pro Trade – das bringt dich nicht schnell voran.
Aber es geht **nicht** darum, schnell voranzukommen.
Es geht darum, **das Game zu meistern.**
Und du meisterst es nur, wenn du deine Emotionen unter Kontrolle kriegst.
Nicht, wenn du 20 % im Demokonto machst, aber live alles verlierst.

Funded Accounts – Wie ein neuer Sneaker

Manche geben 200 € für Schuhe aus.
Ich geb 200 € für einen FTMO Challenge Account aus.

Warum?

Weil es ein Investment in Fokus ist.
Ein „Schalter im Kopf", der dich zwingt, alles richtig zu machen:

- Max. Drawdown beachten
- Risiko pro Trade kalkulieren
- Plan einhalten
- Nicht overtraden
- Diszipliniert sein

Eine Funded Challenge ist wie eine Prüfung:
Nicht, ob du die „beste Strategie“ hast – sondern ob du ein echter Trader bist.

Und wenn du’s versemmelst? Dann ist es Lehrgeld.
Dann sparst du dir halt die neuen Schuhe.
Und beim nächsten Mal wirst du ruhiger, besser, klarer.

Mehrere Anläufe sind normal – und wichtig.

Ich hab das nicht beim ersten Mal geschafft.
Nicht beim zweiten. Auch nicht beim dritten.
Ich hab sicher 10 oder mehr 100□€ Accounts versenkt.
Weil ich zu früh zu viel wollte.

Aber mit jedem Account wurde ich besser.
Hab verstanden:

- Wann ich GIERIG werde
- Wann ich RACHE will
- Wann ich aus Langeweile trade

- Wann ich einfach mal **nichts tun sollte**

Das alles lernst du **nicht** im Demokonto.
Das lernst du **nur**, wenn echtes Geld auf dem Spiel steht – auch wenn's wenig ist.

Fazit dieses ersten Abschnitts:

Vergiss Demo.
Fang mit kleinen echten Beträgen an – und nutze sie **wie eine Ausbildung.**

Deine ersten 100 € sind **nicht zum Reichwerden da.**
Sie sind zum Lernen da.
Zum Verlieren, zum Kontrollieren, zum Überwinden.

Und wenn du diesen 100 € Respekt gibst,
wird dir der Markt später mit 10.000 € oder 100.000 € Respekt zurückgeben.

Von 100 auf 1.000 – Die ersten Schritte aus dem Nichts

Du hast jetzt verstanden:
Demo bringt nichts.
100 € echtes Geld bringt alles.
Aber wie kommst du von diesen 100 € irgendwo hin, wo es sich lohnt?

Ganz einfach:
Mit System. Mit Strategie. Und mit brutaler Disziplin.

Leverage – dein größter Freund oder schlimmster Feind

Real Talk:
Mit 100 € kommst du ohne Leverage nirgendwo hin.

Wenn du z. B. mit 1:10 hebelst und nur 2 % pro Trade riskierst, dauert es ewig, bis du nennenswert vorankommst.
Deshalb nutze ich **200x Leverage oder mehr** – **aber nur**, wenn ich genau weiß, was ich tue.
Kein Rumgezocke. Kein „mal schauen".

Hoher Leverage ist ein Skalpell.
Du kannst präzise schneiden – oder dich sofort verbluten, wenn du abrutschst.

Also hier die Regel:

> **Nutze hohen Leverage nur dann, wenn deine Taktik sitzt – und du 100 % Kontrolle über dein Verhalten hast.**

Der erste Trade entscheidet alles

Was viele nicht checken:

> **Der erste Trade auf deinem 100 € Account ist der wichtigste.**

Denn:

- Wenn du direkt 20 % verlierst, bist du psychisch schon raus.

- Wenn du 30□% gewinnst, hast du Spielraum und Selbstvertrauen.
- Wenn du overleveraged und verlierst, denkst du direkt „nächster Account“.

Deshalb:
Plan deinen ersten Trade wie eine Operation am offenen Herzen.

- Setup 100□x analysiert
- Risiko exakt kalkuliert
- SL sitzt. TP sitzt. Keine Spielerei.

Mach diesen ersten Trade mit Respekt.
Wenn er klappt, hast du Puffer. Wenn nicht – geh zurück an die Taktik.

Die Phase von 100 auf 1.000 ist die härteste

Das ist wie aus dem Keller hochklettern ohne Licht.
Jede Entscheidung zählt. Jeder Fehler wirft dich zurück.

Aber genau da wirst du gemacht.
In dieser Phase lernst du:

- Wie du mit kleinen Beträgen große Kontrolle entwickelst
- Wie du über Wochen wartest, statt auf alles zu springen

- Wie du endlich aufhörst, nach „Quick Money“ zu suchen

Mehrere Strategien? Nein. Eine reicht.

Viele glauben, sie brauchen 5 Setups, Indikatoren, Tricks und geheimer Marktpsychologie.
Bullshit.

Du brauchst **eine funktionierende Taktik** – und die Geduld, sie **immer wieder** umzusetzen.

Ich habe auch lange geglaubt, ich brauche mehr Wissen.
Was ich wirklich brauchte, war **mehr Kontrolle**.

Wenn du aus 100□€ 1.000 machen willst, geht das nicht mit „Try & Error“.
Es geht mit einem klaren Plan:

Mein Grundplan für die ersten 100□€ Accounts:

1. **Nur eine Strategie handeln.** Nicht rumwechseln.
2. **Nur 1–2 Setups pro Woche.** Kein Overtrading.
3. **1–2□% Risiko pro Trade.** Je nach Hebel.
4. **TP 2x größer als SL.** Immer.
5. **Nur traden, wenn Setup 100□% klar ist.** Kein „vielleicht“.

6. **Geld ist nicht das Ziel – sauberes Verhalten ist das Ziel.**

7. **Nach 3 Wochen: Review.** Was lief gut? Was nicht? Dann neu starten.

Und was, wenn's nicht klappt?

Dann restart.

Und wieder.
Und wieder.
Und wieder.

Ich hab's schon gesagt: Ich hab mindestens 10 Accounts an die Wand gefahren.
Aber beim 11. lief's.
Und da hatte ich endlich die Kontrolle.

Fazit:

Der Weg von 100 auf 1.000 € ist **der wichtigste Schritt** im ganzen Trading-Leben.
Nicht, weil du davon leben kannst – sondern weil du dir da **deine Identität als Trader baust.**

Wenn du das durchziehst – mit Fokus, Disziplin und einem guten Leverage –
dann kommt alles andere danach viel leichter.

> **„Disziplin schlägt Intelligenz. Kontrolle schlägt Chaos.“**
> Und genau das lernst du in diesen ersten Wochen.

Vom Tausender zur Fünfstelligkeit – Skalierung mit System

Herzlichen Glückwunsch:
Wenn du 1.000 € sauber getradet hast, dann hast du bereits mehr Kontrolle als 90 % der Trader da draußen.
Aber die Wahrheit ist:
Jetzt beginnt ein komplett neues Spiel.

Warum?

Weil ab jetzt dein **größter Feind nicht mehr der Markt ist – sondern du selbst.**

1.000 € ist psychologisch "viel"

Wenn du von 100 € kommst, dann wirkt ein Konto mit 1.000 € wie ein Schatz.
Du willst ihn beschützen.
Du wirst zu **vorsichtig**. Oder du **overperformst**, weil du plötzlich das Gefühl hast:

> „Jetzt geht's um was.“

Und das ist gefährlich.

Denn:

- **Vorsicht = kein Fortschritt**

- **Übermut = schnelles Ende**

Du musst jetzt lernen, **emotional neutral** zu bleiben, auch wenn's größer wird.

Risiko und Positionsgrößen – Next Level

Jetzt kannst du dein Risiko etwas anheben.
Von 50 % auf **maximal 10 % pro Trade** – aber nur, wenn dein Setup glasklar ist.
Denn was viele unterschätzen:

> **Mehr Kapital bedeutet nicht: größer zocken. Es bedeutet: stabiler denken.**

Wenn du bei 1.000 € bleibst, sind 20 % = 200 € Risiko.
Das klingt wenig. Aber 5 saubere Trades = +1000 €, und du bist bei 2000 €.

Jetzt skalierst du.
Nicht in Riesen-Schritten. Sondern wie ein Profi:
Mit Ruhe. Mit System. Mit Struktur.

Von 1.000 auf 10.000 – mein persönlicher Plan:

1. **Capital Growth Plan:**
    - Ziel: monatlich +10–20 % realistisch

- Kein Overtrading – lieber 2–3 perfekte Entries pro Woche

2. **Setup bleibt glcich.**

    - Ich hab nichts „Neues“ gemacht – ich hab das Alte **konsequenter** gemacht

3. **Drawdown-Toleranz festlegen.**

    - Maximal 10□% Verlust in einem Monat → Pause, Analyse, Re-Entry

4. **Mini-Milestones setzen:**

    - 1.200□€, 1.500□€, 2.000□€ usw.
    - Jeder Step wird gefeiert – aber ohne den Kopf zu verlieren

5. **Teilgewinne rausnehmen.**

    - Bei z.□B. 5.000□€: 500 rausnehmen → mentale Entlastung

Warum 10.000□€ so eine magische Grenze ist

Weil du ab 5-stellig plötzlich das Gefühl hast, es **„geschafft“** zu haben.
Aber genau da verkacken es die meisten.

Sie denken:

> Jetzt bin ich der King.

Und dann kommt der klassische Fehler:
Zu viel Risiko. Zu schnelle Entries. Kein Plan.

10.000 € sind kein Ziel – sie sind der Anfang vom echten Spiel.

Denn ab da kannst du:

- mit 2 % Risiko → 200 € Trades setzen
- fundete Accounts locker bestehen
- nebenbei passiv Geld abheben
- mehr Ruhe haben, weil du weißt: es funktioniert

Psychologie ist jetzt 90 % des Spiels

Du musst lernen, **nicht emotional zu werden**, wenn:

- du +1.000 € in einer Woche machst
- du -500 € in einem Tag verlierst
- dein Account mal stagniert

Wenn du **nicht zurückfällst in alte Muster**, bist du bereit für echte Skalierung.

Und ja, du wirst trotzdem Fehler machen

Ich hab bei 5.000 € gedacht, ich kann nichts mehr verlieren.
Hab in einer Woche 2.000 € abgefackelt, weil ich meinte, ich muss „es beschleunigen".
Du wirst auch Rückschritte haben – aber **du kommst schneller zurück**, wenn dein Fundament stark ist.

Fazit:

Von 1.000 € auf 10.000 € ist keine Frage der Strategie.
Es ist eine Frage von:

- Ausdauer
- Kontrolle
- und deinem Plan.

Du brauchst keine 50 Trades. Du brauchst **10 saubere Entscheidungen.**
Und den Mut, **auch mal nicht zu traden**, wenn's keinen Sinn macht.

> **"If you can't manage a thousand, you won't manage ten thousand. It's all the same psychology – just bigger numbers."**
> *– Anonymer Pro-Trader aus Telegram, aber wahrer denn je.*

Du willst auf 10.000□€ kommen?
Dann **trade wie jemand, der schon 100.000□€ hat.**
Weil dein Mindset immer zuerst skalieren muss – **dann dein Konto.**

Was nach den $100K kommt – Die nächsten Schritte

Langfristig profitabel bleiben – wie ich mich weiterentwickelt habe

Wann & wie du Geld auszahlen solltest

Wie man von Trading leben kann, ohne verrückt zu werden

Du hast es geschafft.
Du hast die 100.000 $ geknackt – ob mit deinem Live-Konto, über Funded-Konten oder durch eine geschickte Kombination von beidem.

Und jetzt?

Viele würden an dieser Stelle denken:
„Jetzt bin ich durch. Ich hab's geschafft. Ab hier wird's easy."

Aber die Wahrheit ist: **Genau jetzt beginnt die nächste Stufe – und die ist gefährlicher, subtiler und gleichzeitig entscheidender als alles davor.**

Denn die Zeit **nach dem großen Meilenstein** fühlt sich oft wie ein Vakuum an.
Du hast ein großes Ziel erreicht – aber das Ziel war so dominant in deinem Kopf, dass du gar nicht weißt, wie es weitergehen soll.
Ein bisschen wie ein Marathonläufer, der nach 42 km im Ziel steht und plötzlich denkt:
„Und jetzt? Was mach ich morgen? Laufe ich nochmal? Oder war das alles?"

Trading ist kein Spiel mehr – es ist dein Beruf

Wenn du 100.000 $ in deinem Trading-Umfeld kontrollierst, bist du **kein Hobby-Trader mehr.**
Ob du willst oder nicht – ab hier trägst du Verantwortung:

- Für dein Kapital
- Für deine mentale Gesundheit
- Für deine Zukunft

Der Markt nimmt keine Rücksicht.
Er belohnt dich nicht für deine Leistung.
Er stellt dir auch keine Blumen hin, nur weil du es bis hierher geschafft hast.

> Der Markt fragt dich:
> **„Wie lange kannst du auf diesem Niveau bleiben, ohne dass dein Ego dich auffrisst?"**
> Und das ist der wahre Endgegner.

Du merkst plötzlich: Es geht nicht mehr ums „Schaffen". Es geht ums Erhalten.

Von 100 auf 1.000 – das war spannend.
Von 1.000 auf 10.000 – das war mutig.
Von 10.000 auf 100.000 – das war diszipliniert.

Aber von 100.000 **auf dauerhafte Stabilität**?
Das ist ganz was anderes.

Denn jetzt musst du Dinge lernen, über die kaum jemand spricht:

- Wie ziehe ich **regelmäßiges Einkommen**, ohne mein Konto zu schwächen?
- Wie entwickle ich mich **mental weiter**, wenn es keine klaren „Level-Ups" mehr gibt?
- Wie bleibe ich **strukturiert und fokussiert**, auch wenn ich auf dem Papier „ausgesorgt" habe?
- Wie erkenne ich, ob ich langsam **überheblich werde – oder nur selbstsicher bin?**

Die Gefahr der Komfortzone

Viele Trader machen nach ihrem ersten „großen Erfolg" den größten Fehler:

Sie **lassen los.**

Nicht weil sie faul werden, sondern weil sich ihr Gehirn denkt:

> „Ich hab's doch bewiesen. Ich hab's geschafft. Ich weiß, wie's geht."

Und genau in diesem Moment beginnt der Zerfall:

- Sie traden unkonzentriert.
- Sie ändern plötzlich profitable Strategien, weil es „langweilig" wird.
- Sie beginnen, mit Positionen zu spielen, die sie früher nie angerührt hätten.
- Oder sie „belohnen" sich – mit zu viel Risiko, zu wenig Pause, zu viel Selbstüberschätzung.

> Und irgendwann fällt das Kartenhaus zusammen –
> leise, aber schmerzhaft.

Deshalb ist dieses Kapitel so wichtig

Dieses Kapitel ist kein „How-To" wie du die nächsten 100.000 machst.
Es ist kein Motivationsgelaber à la „Jetzt wird alles noch größer".

Es ist eine **ehrliche Landkarte** für die Zeit nach dem ersten Durchbruch.
Eine Sammlung aus Erkenntnissen, aus Fehlern, aus realen Erfahrungen.
Und aus der tiefen Überzeugung:

> Trading kann ein geiles Leben bringen – **wenn du weißt, wie du langfristig stabil bleibst.**

Was dich in diesem Kapitel erwartet:

1. Wie ich mich weiterentwickelt habe – mental & strategisch

Wie du deine Denkweise anpassen musst, um mit größeren Beträgen klarzukommen.

Wie du dich innerlich neu strukturieren musst, wenn du vom „Suchenden“ zum „Verwalter deines eigenen Erfolgs“ wirst.

2. Wie du dir Geld auszahlen solltest – ohne den Fortschritt zu bremsen

Konkrete Ansätze, wie du mit deinen Gewinnen umgehst:
– Regelmäßige Auszahlungen vs. Reinvestition
– Wie du dir Sicherheit aufbaust
– Wie du dein Kapital sinnvoll aufteilst, um frei zu werden

3. Wie man vom Trading leben kann – ohne verrückt zu werden

Trading als Beruf kann dich zerfressen – oder erfüllen.
Ich zeige dir, wie du dein Mindset umstellst, deine Work-Life-Balance schützt, deinen Alltag strukturierst und das Gefühl von „Ich muss jeden Tag performen“ in etwas Gesundes verwandelst.

Die ehrliche Wahrheit

Ab 100.000 beginnt nicht das „reiche Leben“.
Es beginnt das **echte Leben eines Traders.**

Hier trennt sich:

- Der Glücksritter vom Strategen
- Der Performer vom Poser
- Der Gewinner vom Getriebenen

Wenn du langfristig oben bleiben willst, musst du **mehr werden als nur gut.**
Du musst klar sein. Strukturiert. Wachsam. Gelassen.
Du musst lernen, **nicht nur zu wachsen – sondern zu bestehen.**

Und genau darum geht's ab jetzt. Bereit?

Langfristig profitabel bleiben – wie ich mich weiterentwickelt habe

Wenn du einmal 100.000 $ erreicht hast, bist du auf einem Plateau angekommen, das für viele wie der Gipfel wirkt. Aber wer in den Bergen war, weiß: Der Gipfel ist oft nur eine Zwischenstation. Dahinter kommen neue, höhere Berge. Und wenn du zu lange oben stehen bleibst und nicht weitergehst, wird's gefährlich. Wind. Wetter. Kälte. Genau das gilt auch im Trading.

Der wahre Test beginnt nicht beim Aufbau – sondern beim Halten

Was viele unterschätzen:
100.000 $ zu machen ist schwer. Aber sie zu behalten – das ist echte Meisterschaft.

Denn plötzlich veränderst **du** dich.

- Du **spürst** das Geld.
- Du **siehst**, was es dir ermöglichen könnte.
- Du beginnst zu **träumen**, zu **planen**, vielleicht sogar zu **rechnen**:
  „Wenn ich jetzt jeden Monat 10 % mache…"
  „Wenn ich jetzt 2x riskiere, verdopple ich das Ding…"
  „Wenn ich nur 1 richtig guten Monat erwische…"

Aber genau **hier** liegt der Haken.

Du denkst, du bist jetzt über dem Risiko.
Doch in Wahrheit bist du **tiefer drin als je zuvor**.

Denn was du früher mit 10 € verloren hast, verlierst du jetzt mit 1.000.
Und was dich früher einen Tag genervt hat, zerstört dir heute ganze Wochen.

Ich musste mich neu erfinden

Als ich die 100K-Marke erreicht habe, dachte ich für einen Moment:
„So, jetzt kommt das entspannte Leben."
Falsch gedacht.

Ich war komplett unvorbereitet auf das, was kam:

- Ich wurde **emotionaler** – nicht weniger.
- Ich wurde **ängstlicher** – obwohl ich doch „Gewinner" war.
- Ich wurde **risikofreudiger** – aber auf eine toxische Art.

Warum? Weil ich mental noch immer der Typ war, der **aufbauen** will – nicht der, der **bewahren** kann.

Ich habe schnell gemerkt:

Ich muss nicht **mehr** traden.
Ich muss **anders** traden.

Neue Regeln. Neues Ich.

Um langfristig stabil zu bleiben, habe ich **mein ganzes System umgebaut**:

1. Ich habe mein Risiko radikal reduziert

Früher war 2–3 % Risiko pro Trade normal. Heute?
Maximal 0,5–1 %, und das nur in „A++"-Setups.

Warum?
Weil mir klar wurde: Es geht nicht mehr darum, „reich zu werden".
Es geht darum, **nicht mehr arm zu werden**.

> Dein Kapital wird ab einem gewissen Punkt **dein Mitarbeiter**.
> Du beschützt es wie eine Familie – nicht wie ein Spielkonto.

2. Ich habe meine Frequenz gesenkt

Ich wollte früher **ständig im Markt sein**.
Heute filtere ich **mehr als je zuvor**. Ich trade:

- Weniger Setups
- Weniger Zeitfenster
- Weniger Märkte
  Aber mit **mehr Klarheit**, **mehr Präzision**, **mehr Fokus**.

Ich trade wie ein Scharfschütze – nicht wie ein Maschinengewehr.

3. Ich habe Strukturen aufgebaut

Routinen. Journale. Reflexion.
Früher dachte ich, sowas sei „langweilig“.
Heute weiß ich:

> Die Profis wirken langweilig – weil sie **einfach nichts mehr zu beweisen haben.**

Ich tracke jeden Trade.
Ich messe meine Emotionen.
Ich prüfe meine Performance **nicht nur in Pips**, sondern in:

- Ruhe
- Klarheit
- Konsistenz

4. Ich habe andere Ziele definiert

Früher war mein Ziel: **Geld.**
Heute ist mein Ziel: **Langlebigkeit.**

Ich frage mich nicht mehr:
„Wie viel kann ich diesen Monat machen?“
Sondern:
„Wie kann ich die nächsten 12 Monate **mental gesund** bleiben, während ich dieses Kapital verwalte?“
Und ironischerweise: Genau damit kommt das Geld.

5. Ich habe Trading in mein Leben integriert – nicht umgekehrt

Trading war früher mein ganzes Leben.
Jetzt ist es **Teil meines Lebens**.

Ich baue Pausen ein.
Ich plane Urlaube **ohne Charts**.
Ich habe ein Leben **außerhalb der Kerzen**.

Warum? Weil der Markt mich sonst verschluckt hätte.
Und das passiert schneller, als du denkst.

Die mentale Evolution

Erfolgreich zu bleiben, heißt vor allem:
Du wirst **ein anderer Mensch**.

> Trading auf hohem Niveau ist kein Skill mehr – es ist ein **Charakterzustand.**

Du brauchst:

- Geduld, wenn du gewinnst.
- Demut, wenn du verlierst.
- Disziplin, wenn du müde bist.
- Klarheit, wenn du verwirrt bist.
- Vertrauen in dich selbst, auch wenn die Zahlen es kurzfristig nicht zeigen.

Es wird Tage geben, an denen du alles hinterfragst.
Es wird Wochen geben, wo du keine Richtung siehst.
Und es wird Monate geben, in denen du dich nur über Wasser hältst.

Aber genau hier wächst du.
Nicht im Wachstum. Sondern in der **Stabilität trotz Chaos.**

Fazit: Langfristiger Erfolg ist kein Ziel. Es ist eine Identität.

Du bleibst profitabel,
weil du **dir selbst treu bleibst**.
Weil du **nicht gierig wirst, wenn's gut läuft**
und
nicht panisch wirst, wenn's schlecht läuft.

Trading ist keine Reise nach oben.
Es ist ein täglicher Kreis, den du immer wieder gehen musst.
Journaling. Fokus. Vorbereitung. Reflexion. Ausführung.

Und du gehst diesen Kreis nicht, weil du musst.
Sondern weil du weißt:

> Das ist der Preis, um nicht zurückzufallen.

Wann & wie du Geld auszahlen solltest

Okay, du machst also endlich Profit. Du hast 10k, 20k, vielleicht sogar 50k mehr auf dem Konto. Und jetzt stellt sich eine neue Frage:

> **„Soll ich das einfach alles im Konto lassen – oder endlich mal was auszahlen?"**

Klingt simpel. Ist es aber nicht. Denn was du mit deinem Geld **nach dem Gewinn** machst, zeigt, wie weit du im Kopf wirklich bist.

Auszahlung ist keine Belohnung. Es ist ein Werkzeug.

Die meisten denken:
„Ich gönn mir jetzt was. Ich hab's mir verdient."

Das Problem?
Wenn du dein Tradingkonto wie einen Geldautomaten behandelst, wirst du es bald wie ein **Spielkonto** behandeln.
Und Spielkonten überleben nicht lange.

Auszahlung ist nicht das Ende des Trades.
Es ist Teil deiner **Kapitalstrategie**.

Was du nie tun solltest:

- **Alles drinlassen**, weil du glaubst: „Ich skalier das jetzt hoch."
- **Alles rausnehmen**, weil du Angst hast, es wieder zu verlieren.
- **Planlos auszahlen**, weil's gerade gut läuft.

All das zeigt nur eins: **Keine Struktur. Kein System. Keine Kontrolle.**

Die richtige Auszahlung hängt von 3 Faktoren ab:

1. Kontogröße

Je kleiner dein Konto, desto länger sollte das Kapital drin bleiben, um Zinseszinseffekte zu nutzen.
Je größer dein Konto, desto eher kannst du anfangen, regelmäßig auszuzahlen.

Beispiel:

- Unter 10k: So gut wie keine Auszahlung, Fokus auf Aufbau nur ab und an, wenn du gute Monate hast 10% rausnehmen.
- 10k–50k: Kleine, kontrollierte Auszahlungen (5–10 % vom Monatsgewinn).
- Ab 50k+: **Strategische Auszahlungen** (monatlich/quartalsweise), ohne das Wachstum zu gefährden.

2. Stabilität deiner Performance

Machst du 3 gute Monate und dann 2 Katastrophenmonate? Dann bist du **nicht** bereit für große Auszahlungen.

> Erst wenn du über mehrere Monate **konstant bleibst**, kannst du dir erlauben, Geld regelmäßig zu „entnehmen".

Sonst zapfst du dein Konto im Peak an – und bist im Drawdown plötzlich **unterkapitalisiert.**

3. Deine Lebenssituation

- Lebst du vom Trading? Dann brauchst du **fixe Entnahmepläne**
- Machst du das nebenbei? Dann reinvestierst du **maximal**, so lange es geht.

Der Punkt ist:

> Die Auszahlung sollte **funktional** sein – nicht emotional.
> Sie dient dem **Ziel**, nicht dem Ego.

Mein System: So hab ich's gemacht

Ich hatte 3 Regeln:

Regel 1: Nie auszahlen direkt nach einem Monster-Monat

Warum? Weil der Markt oft nachlädt.
Die fetten Monate kommen oft in Clustern.
Wenn du nach dem ersten die Kasse leerst – verpasst du den Rest.

Ich hab gelernt:

Nicht gierig. Nicht panisch. Einfach weiterspielen.

Regel 2: Auszahlung ist ein Fixtermin – kein Impuls

Ich habe mir z. B. gesagt:

> „Am 1. jeden Monats schau ich auf die letzten 30 Tage.
> Wenn ich 4 Wochen grün bin, zahl ich 10 % des Gewinns aus."

So wird's ein System. Keine Bauchentscheldung. Keine „Heute läuft's gut, ich gönn mir jetzt mal 2k".

Regel 3: Erst auszahlen – dann belohnen

Wenn ich Geld rausgenommen habe, kam zuerst ein Teil aufs Sparkonto.
Dann erst hab ich vielleicht 10–20 % davon für ein Ziel verwendet:

- Neue Uhr
- Kleine Reise
- Geschenk für die Familie
  Aber nie alles rausballern.
  Denn:

Wer sich **alles** gönnt, hat bald **nichts** mehr zu gönnen.

Was du mit dem ausgezahlten Geld tun solltest

Ganz ehrlich? Das ist der zweite Test deines Mindsets.

Denn plötzlich hast du Geld, das du **nicht mehr tradest**.
Was machst du jetzt?

Smart wäre:

- Rücklagen bilden

- Investieren (ETF, Aktien, Immobilien)
- Business aufbauen
- Skills kaufen (Mentoring, Ausbildung, Tools)

Dumm wäre:

- Auto leasen
- Urlaub all-inclusive auf Pump
- Lifestyle aufblasen
- Allen erzählen, wie „reich" du bist

Du wirst überrascht sein, wie viele Trader ihr eigenes Konto zerstören, weil sie **privat zu schnell wachsen wollen.**

Auszahlung ist ein Spiegel deines Charakters.

Willst du wissen, wie weit jemand im Trading ist?
Frag nicht nach der Performance.
Frag:

„Wie gehst du mit deinem Gewinn um?"

- Der Unreife: Haut alles raus und muss danach doppelt so viel riskieren.
- Der Reife: Nutzt das Geld, um langfristig **Freiheit** zu bauen.

Und glaub mir: Freiheit kommt **nicht vom Trading.**
Sie kommt davon, was du **mit dem Trading-Geld** machst.

Wie man von Trading leben kann, ohne verrückt zu werden

Viele denken, wenn man mal 100.000 € macht oder mehrere Tausender am Tag tradet, ist man **"frei"**.

Keine Chefs mehr. Keine Wecker. Kein Bullshit.

Aber was die wenigsten checken:
Je größer die Summe – desto größer der Druck.
Und je mehr du vom Trading **abhängig bist**, desto mehr wird es dich auffressen, wenn du mental nicht stark genug bist.

Vom Traum zur Belastung

Trading wird plötzlich **nicht mehr das Spiel**, das du aus Spaß gezockt hast.
Es wird dein **Job. Deine Einnahmequelle. Deine Verantwortung.**

- Dein Kühlschrank hängt an deinem Konto.
- Deine Miete hängt an deiner Tagesform.
- Dein Schlaf hängt an deinem letzten Trade.

Und irgendwann kommt der Punkt, an dem du aufwachst und denkst:

„Wenn ich heute nicht performe, gibt's kein Geld."

Das ist kein Mindset, das man mit Leichtigkeit trägt.
Das ist Hochleistungssport unter Dauerstress.

Die drei größten Risiken beim Vollzeit-Trading

1. Mentale Erschöpfung

Jeden Tag unter Druck traden. Jeden Tag Entscheidungen treffen, die dir 4-stellig bringen – oder nehmen.

Kein Plan B. Keine Pausen. Keine Absicherung.

Das brennt dein Gehirn weg.
Und irgendwann kommt der Punkt, wo du dich **verlierst** – in Charts, Zahlen, Angst.

2. Soziale Isolation

Niemand versteht, was du tust.
Deine Freunde denken, du „zockst".
Deine Familie fragt: „Suchst du nicht lieber was Sicheres?"

Und weil du rund um die Uhr mit dem Markt verheiratet bist, entfernst du dich immer mehr vom echten Leben.

> Trading kann dich reich machen –
> aber wenn du niemanden mehr zum Feiern hast,
> war's das wert?

3. Identitätsverlust

Du bist plötzlich nur noch der Trader.
Dein Selbstwert hängt an deiner Equity-Kurve.
Wenn du gewinnst, fühlst du dich groß.
Wenn du verlierst, bist du nichts.

> Wer du bist, wird ersetzt durch das, was du verdienst.

Das ist gefährlich.
Denn ein schlechter Monat zerstört nicht nur dein Konto – sondern auch dein Selbstbild.

Wie ich's geschafft habe, nicht durchzudrehen

1. Trading ist ein Job, kein Leben.

Ich hab irgendwann beschlossen:

> „Ich bin kein Trader. Ich bin jemand, der tradet."

Das ist ein riesiger Unterschied.

Ich bin **nicht mein Kontostand**.
Ich bin nicht meine Performance.
Ich bin ein Mensch mit Werten, Hobbies, Familie, Interessen – und ja, ich trade, um mein Leben zu finanzieren. Aber nicht umgekehrt.

2. Routinen = Rettung

Wenn du jeden Tag aufstehst und sofort ins Chaos springst, wirst du auf Dauer brechen.

Ich hab gelernt:

- Vor dem Chart gibt's Frühstück, Sport, Ruhe.
- Nach dem Trade gibt's Review, Reflexion, Shutdown.
- Am Wochenende wird **nicht** getradet.

Kein Markt ist wichtiger als deine mentale Gesundheit.

> Du bist nicht bezahlt fürs Hetzen.
> Du wirst bezahlt fürs Funktionieren.

3. Langfristige Vision

Ich trade nicht, um heute reich zu sein.
Ich trade, um in 10 Jahren **frei** zu sein.

Deshalb investiere ich:

- in Immobilien
- in ETFs
- in andere Businesses
- in Skillsets außerhalb des Tradings

Denn ich will nicht **für immer traden müssen**.
Ich will traden **können**, wenn ich will – aber nie, weil ich muss.

Du willst davon leben? Dann plan das Leben drumherum.

Frag dich:

- Hast du genug Rücklagen?
- Hast du eine Routine, die dich stabil hält?
- Hast du Menschen, mit denen du reden kannst, wenn's nicht läuft?
- Hast du einen Plan B, falls du 6 Monate rot bist?

Wenn die Antwort „Nein" ist – bist du **nicht bereit**, davon zu leben.
Dann brauchst du noch Zeit.

Denn Trading ist kein Shortcut zur Freiheit.
Es ist ein **Weg**, der nur für die funktioniert, die ihn **langsam, strategisch und reflektiert** gehen.

Fazit: Trading kann dein Leben verändern – oder zerstören.

Das Konto bringt dir Cash.
Aber deine Struktur, dein Mindset und dein Umgang mit Druck – die bringen dir **Stabilität**.

Du willst von Trading leben? Dann lerne, dabei am Leben zu bleiben.

Nicht ausrasten bei Gewinnen. Nicht zusammenbrechen bei Verlusten.
Sondern konstant bleiben, wenn alles in dir Chaos schreit.

Dann, und nur dann, kannst du dieses Spiel **nicht nur überleben**, sondern auf lange Sicht **gewinnen.**

Fast am Ende – aber eigentlich erst am Anfang

Wenn du bis hierher gelesen hast, dann erst mal:

Danke.

Nicht nur für deine Zeit.
Nicht nur fürs Lesen.
Sondern fürs **Dranbleiben**.

Denn das hier war kein leichter Weg.
Kein oberflächliches „So wirst du reich mit Trading"-Guide.
Sondern ein tiefer Einblick – roh, echt, unbequem und vielleicht auch manchmal schmerzhaft ehrlich.

Ich hab dir gezeigt:

- Wie ich Geld verloren hab – immer und immer wieder.
- Wie ich fundierte Accounts geblowed habe, obwohl ich dachte, ich sei bereit.
- Wie ich Lehrlingsgehälter verdampft habe, Nächte durchgezockt hab, mit Schweiß auf der Stirn und Verlustangst im Magen.

- Wie ich gescheitert bin, gefallen bin, gezweifelt hab – aber wieder aufgestanden bin.

Und ich hab dir gezeigt:

- Wie sich mit Geduld, Struktur und Strategie alles ändern kann.
- Wie ich vom 100-Euro-Account zum 100.000-Euro-Level gekommen bin.
- Und wie ich es geschafft habe, trotz aller Hürden langfristig profitabel zu bleiben – ohne daran kaputtzugehen.

Aber alles, was du jetzt gelesen hast, ist **erst der Anfang**.

Denn Trading ist kein Ziel, das man erreicht –
sondern ein Prozess, den man **lebt**.

Täglich.
Immer wieder.
Mit derselben Disziplin, demselben Mindset, derselben Verantwortung.

Und weil ich weiß, wie schwer es ist, den Überblick zu behalten, wenn du am Anfang stehst
oder gerade in der Mitte feststeckst
kommt jetzt zum Schluss noch etwas, das ich mir selbst gewünscht hätte, als ich losgelegt hab:

Einen klaren, kompakten Fahrplan.

Einen Überblick über das, **was wirklich zählt.**

Kein Bullshit. Kein „Tschakka, du schaffst das"-Gerede.
Sondern echte Werkzeuge, Denkansätze und Empfehlungen, mit denen du **sofort** etwas anfangen kannst.

Was dich im Bonus-Kapitel erwartet:

Mein persönlicher **10-Punkte-Plan** – damit du weißt, **wo du ansetzen** musst und **was du priorisieren** solltest.

Konkrete **Quick Wins** und **Mindset-Hacks**, die dich in deinem Alltag **sofort stabiler und fokussierter** machen können.

Meine **Top 3 Bücher & Ressourcen**, die mich weitergebracht haben – nicht nur im Trading, sondern auch in meiner Persönlichkeit.

Ob du gerade erst anfängst,
mittendrin kämpfst,
oder schon das erste Mal fünfstellig im Monat tradest –

dieses letzte Kapitel ist für dich.
Klar. Einfach. Umsetzbar.
Und vor allem: **ehrlich.**

Denn ich will nicht, dass du einfach nur inspiriert rausgehst.
Ich will, dass du vorbereitet rausgehst.

Bonus: Mein 10-Punkte-Plan für angehende Trader

Willst du wirklich starten? Richtig starten?
Nicht im Kreis drehen wie 90 % der Leute da draußen – sondern **Fokus, Struktur und echtes Wachstum**?

Dann lies jetzt **sehr genau**, was kommt.
Denn dieser 10-Punkte-Plan ist **kein Motivations-Zitat-Ding**.
Das ist dein Blueprint.
Dein Kompass.
Dein Reality-Check & Mindset-Kick in einem.

1. Starte klein – aber ernst

Du brauchst kein dickes Konto.
Aber du brauchst **Skin in the Game**.
Demo-Accounts sind okay zum Lernen.
Aber echte Entwicklung kommt nur, wenn **echtes Geld auf dem Tisch liegt** – auch wenn's nur 50 oder 100 Euro sind.
Denn dann spürst du Angst. Und erst da beginnt echtes Wachstum.

2. Verstehe: Der erste Trade entscheidet alles

Wenn du einen 100 € Account hast, **ist der erste Trade heilig.**
Er entscheidet, ob du nach oben skalierst – oder direkt im Loch bist.
Kein YOLO. Kein „Mal testen".
Planen. Warten. Zuschlagen.

3. Nutze Funded Accounts als Mentale Schule

Ein FTMO oder MFF-Account ist nicht nur ein Hebel auf Kapital.
Es ist ein Spiegel deiner mentalen Reife.
Hol dir einen Funded Account **nicht zum Zocken**, sondern als Challenge:
Bist du reif genug für echtes Geld unter echten Bedingungen?

4. Strategien sind simpel – Ausführung ist alles

Ob Breakout, Supply/Demand oder Reversal-Zone:
Die Strategie ist das kleinste Problem.
Das Monster ist **die disziplinierte Ausführung** –
jeden Tag, ohne Ausnahme. Ohne Emotionen. Ohne Ego.

5. Deine Verluste sind dein Lehrer, nicht dein Feind

Du wirst verlieren. Immer wieder.
Was du daraus machst, entscheidet alles.
Frage dich bei jedem Verlust:

- War der Trade geplant?
- Habe ich die Regeln beachtet?

- War es mein Fehler oder einfach der Markt?

Wenn du das ehrlich beantworten kannst – **lernst du.**

6. Tracke alles – wirklich alles

Du kannst nicht verbessern, was du nicht misst.
Mach dir ein Trading-Journal.
Notiere:

- Uhrzeit
- Entry/Exit
- Setup
- Emotionen
- Fehler

Das ist dein Spiegel. Dein Coach. Dein Fortschrittsmesser.

7. Baue dein Leben um dein Trading – nicht andersrum

Guter Schlaf. Kein Chaos im Kopf.
Keine toxischen Leute. Keine Ablenkung.
Wer Trading „irgendwie nebenbei“ macht,
wird auch „irgendwie scheitern“.
Mach dein Setup zum Zentrum deiner Energie.

8. Nimm dir Auszeiten – oder der Markt nimmt sie dir

Wenn du nur noch starrst, klickst, fluchst und zitterst –
mach Pause.
Trading ist Marathon, kein Sprint.
Jeder Burnout killt deinen Account.
Jede Übermüdung frisst deine Edge.
Pause ist Stärke, nicht Schwäche.

9. Bild dich weiter – aber nicht mit jedem Müll

Hör auf, jedem TikTok-Guru zu glauben.
Hol dir echtes Wissen:

- Bücher über Trading Psychology
- Interviews von erfolgreichen Tradern
- Reale Journaleinblicke, keine Gewinne-Screenshots

Meine persönlichen Empfehlungen:
📒 *"Trading in the Zone"* – Mark Douglas
📒 *"The Daily Trading Coach"* – Brett Steenbarger
📒 *YouTube: SMB Capital, No Nonsense Forex, The Trading Channel, AzukiFX*

10. Hör nie auf, dich selbst zu challengen

Du bist nie „fertig“.
Du wirst nie „perfekt“.
Aber du kannst jeden Tag 1 % besser werden –
Wenn du willst.

Stelle dir jeden Tag 3 Fragen:

1. War ich heute diszipliniert?
2. Habe ich meine Regeln beachtet?
3. Habe ich bewusst oder impulsiv gehandelt?

Wenn du ehrlich bleibst, wirst du wachsen.
Nicht sofort. Aber garantiert.

Letzte Worte

Trading hat mein Leben verändert.
Aber nicht wegen dem Geld.
Sondern weil es mich **gezwungen hat, die beste Version von mir selbst zu werden**.
Ich musste meine Dämonen besiegen:
Gier, Ego, Ungeduld, Selbstzweifel.
Und ich arbeite **immer noch täglich daran.**

Wenn du wirklich diesen Weg gehen willst –
dann weißt du jetzt, was dich erwartet.

Kein Glamour.
Kein Shortcut.
Aber ein klarer Pfad.

„Losgehen ist einfach. Dranbleiben ist Stärke.“

Egal ob du bei 100 €, bei 10.000 € oder bei 0 stehst:
Das hier ist dein Reminder, dass **echter Fortschritt nie durch Glück passiert.**
Sondern durch:
Fokus.
Verzicht.
Selbstkontrolle.

Und am Ende wirst du genau dafür bezahlt.

Danke, dass du dieses Buch gelesen hast.
Danke, dass du bis hierher gekommen bist.
Jetzt: Mach was draus.

Let’s get to work.

– Ende –

Printed in Poland
by Amazon Fulfillment
Poland Sp. z o.o., Wrocław

53550514R10109